中外巨人传

蒲松龄

詹妮 著

辽海出版社

图书在版编目（CIP）数据

蒲松龄/詹妮著.— 沈阳：辽海出版社，2012.5（2019.1 重印）

ISBN 978-7-5451-1187-3

Ⅰ.①蒲… Ⅱ.①詹… Ⅲ.①蒲松龄（1640-1715）—生平事迹 Ⅳ.① K825.6

中国版本图书馆 CIP 数据核字（2019）第 027163 号

责任编辑：柳海松
责任校对：顾　季
装帧设计：马寄萍

出 版 者：辽海出版社
　　地　　址：沈阳市和平区十一纬路 25 号
　　邮　　编：110003
　　电　　话：024-23284473
　　E-mail:dyh550912@163.com
印 刷 者：天津海德伟业印务有限公司
发 行 者：辽海出版社

幅面尺寸：165mm×230mm
印　　张：12.5
字　　数：135 千字

出版时间：2012 年 5 月第 1 版
印刷时间：2019 年 1 月第 4 次印刷
定　　价：29.80 元

版权所有　翻印必究

目 录

001 前　言

001 一、蒲松龄家世背景

001 1. 远祖之谜

007 2. 衰败之家

010 二、科场沉浮

011 1. 少年得志

020 2. 困顿中年

030 3. 凄凉晚景

041 三、西宾游学

041 1. 岁岁游学

051 2. 南游做幕

058 3. 缙绅门下

067 4. 毕氏西宾

086 5. 渔洋之交

093 四、聊斋先生

093 1. 聊斋缘起

104 2. 时代关照

112 3. 真爱理想

120 4. 伦理批判

127 五、志怪绝响

127 1. 一书多体

132 2. 诗化小说

144 3. 雅俗之间

161 六、后世《聊斋》

161 1. 《聊斋》版本

165 2. 聊斋遗响

170 七、俚曲杂著与聊斋诗文词

170 1. 聊斋俚曲

174 2. 聊斋杂著

179 3. 聊斋诗文集

185 附录：蒲松龄年表

前　言

蒲松龄（1640—1715），字留仙，又字剑臣，号柳泉居士，以短篇文言小说集《聊斋志异》留名于世，世称聊斋先生。现山东省淄博市淄川区洪山镇蒲家庄人。生于明崇祯十三年四月十六日，卒于清康熙五十四年正月二十二日，享年76岁。中国清初杰出的文学家，中国短篇小说之王。

蒲松龄的远祖属山东淄川蒲氏一支，经十几代繁衍生息，人丁繁盛，且世代书香，族中也曾科甲相递，但至蒲松龄父辈便因诸多原因而家道衰败。关于蒲氏一族的民族归属一直争论不休，"蒙古、女真、回族、汉人"多说并存，至今尚未定论。

蒲松龄一生困囿于科举与功名交织的诱惑中，无法自拔。19岁以三试第一名的成绩被补为附生，其后则屡试不第，直至古稀之年才补了一个岁贡生。蒲松龄又经历蒲氏大家庭解体、兄弟折箸，生活变得空前贫困，妻儿也和他一起忍受着饥寒交迫的生活，为生计所迫，不得不离家作幕，西宾于缙绅门下，开始了大半生的塾师生涯。

蒲松龄先后出入于本地乡绅沈德符、王永印家，后应孙蕙之邀，南游江苏宝应作幕府师爷，一年后北上归家，继续到丰泉王

观正家坐馆教书，期间受到当地豪绅高珩和唐梦赉等人的青睐，经常游历唱和，以文会友。康熙八年（1679），蒲松龄来到西铺毕际有家开始了长达30年的西宾生活。蒲松龄与毕氏一家相处甚欢，《聊斋志异》的主体创作也是在这期间完成的，更重要的是蒲松龄借毕氏的显赫平台接触到了上层社会的很多达官贵人，对他的人生与创作都产生了较大的影响，其中最为著名的便是当时的文坛领袖王士禛。西宾游学不仅是蒲松龄人生的重要组成部分，更是《聊斋志异》创作流传的重要媒介。

蒲松龄的人生是与《聊斋志异》分不开的。这部由500多个短篇组成的文言小说集，无论内容叙事、人物刻画、时代影射、社会批判，还是艺术成就，都达到了难以超越的文学水平，此外，《聊斋志异》脱离了志怪的表层外壳，于狐鬼花妖的世界中呈现出一种深度的哲学思考。郭沫若先生曾评价其"写鬼写妖高人一等，刺贪刺虐入木三分。"老舍先生更盛赞聊斋故事"鬼狐有性格，笑骂成文章"。

《聊斋志异》出现三百年来，不仅聊斋故事在民间广为流传，历久不衰，在19世纪中叶又传播到国外，先后被译成英、法、德、日等20多种文字，成为世界人民共同的精神财富。而这部世界巨著的作者蒲松龄也同样受到了后人无限的关注与崇敬，并在文学研究、评论领域产生了日益广泛的影响。

蒲松龄一生笔耕不辍，除了《聊斋志异》之外，有诗歌千余首，文近500篇、词百余阕、戏3出、俚曲15种。他还编写了《历日文》《农桑经》等与下层劳动人民日常生活息息相关的普及读物。

蒲松龄这位伟大的文学家，为后人留下了不朽的文化遗产，

蒲 松 龄

但他的一生却并没有如自己的创作般光辉，科举的失意，家道的贫困，以及满目民间疾苦、饱受煎熬的诗人心智，使得年过古稀的蒲松龄身体状况日益衰退，加之发妻刘氏的离世、两个幼孙的夭折以及胞弟蒲鹤龄的亡故，给他的精神带来了沉重的打击，这位伟大作家的生命指针便永久的停在了76岁的时刻之上……

一、蒲松龄家世背景

蒲松龄的远祖属山东淄川蒲氏一支，历经十几代繁衍生息，人丁繁盛，且世代书香，族中也曾科甲相递，但至蒲松龄父辈便由诸多原因而家道衰败，关于蒲氏一族的民族归属一直争论不休，"蒙古、女真、回族、汉人"多说并存，至今尚未定论。

1. 远祖之谜

"蒲氏之祖世居淄土，自元始也。"，这是清雍正十一年（1733）蒲立德撰《蒲氏族谱·重修族谱序》中的记载，蒲松龄本人亦曾多次为《蒲氏族谱》的修缮工作呕心沥血，最突出的贡献便是清康熙二十七年（1688）所撰的《族谱引》，后来又有《始祖蒲璋小传》等等，蒲氏一族虽非钟鸣鼎食之家，却也是耕读传家，书香门第，蒲氏后代子弟亦如中国千百年士子一般，对追颂祖先，血脉传承有着难以摒弃的执著，纵览如今传世的蒲氏族讯，以及蒲松龄家乡（今山东淄博市）的地方人物志，我们大概可以对蒲氏一族的源起传承得到一个感性而系统的认知。

蒲松龄属淄川蒲氏一支，他对自己的远祖首先作了详细的说明：

> 按明初移民之说，不载于史，而乡中则迁自枣、冀者，盖十室而八九焉。独吾族为般阳土著，祖墓在邑西招村之北，内有谕葬二：一讳鲁浑，二讳居仁，并为元总管，盖元代受职不引桑梓嫌也。(《族谱引》)

由此可知，蒲松龄的远祖蒲鲁浑、蒲居仁并为般阳路总管，其他文献佐证，并无此二人任职年代，或说此处之说是异史氏为抬高本族地位声明而刻意标举之笔，或说因年代久远，文献散落而无从考证。但蒲氏一族上溯祖先最为确凿的记载却是无疑始自此处，这一点是没有争议的。

蒲氏"自元代受秩"始迁淄川，后为土著。至"宁顺间，有夷族之祸，刑戮之余，止遗藐孤，时方六七岁，匿于外祖家。外祖姓杨氏，居村北之杨家庄，遂从母姓为杨。元鼎既革，始复旧姓"。(《始祖蒲璋小传》)蒲氏先祖为避祸而迁至淄川，文献中所提及的蒲氏祖墓，即在今山东省蒲家庄，或称高家店子。如今可见的先祖墓园则是民国时期阖族修缮的，正面是"元代般阳路总管蒲鲁浑之墓"，左下有"后生殿俊敬书"、"后裔合族公建"，右侧时间则是"中华十二年癸亥谷旦立"。两边刻有"德行科从孝悌演起，文明世自礼让油生"的对联。这座蒲氏先祖墓园据说是清末蒲氏迁自吴桥的后裔、四川进士蒲殿俊所主持修缮，可以作为异史氏关于蒲氏远祖记载的有力史证。

蒲氏一族世代居住的地方叫做蒲家庄，原来叫做满井庄。蒲璋正如蒲松龄在其传记中所述，元代至顺年间（1331—1333），受

荫袭官的蒲氏,因为得罪了皇帝图贴睦尔,遭夷族之祸,满门抄斩。蒲氏家族遭受重创,唯有蒲璋一直住在杨姓外祖父家里,改姓埋名,于毁灭性的灾难中存活下来。自明初蒲璋复姓归宗之后,这一支蒲氏血脉才在这个井水甘甜的宁静村庄里一代代繁衍生息起来。到了明代中期以后,更是人丁兴旺,子孙日蕃,以至于满井村的其他姓氏渐渐寥寥绝迹,蒲家村便名副其实的至此流传下来。蒲姓从先祖蒲鲁浑至蒲松龄,传历已经11世。据《蒲氏世谱》所载,一世始祖蒲璋,配杨氏;二世蒲子忠,配韩氏,子三;三世蒲整,四世蒲海,五世蒲臻,六世蒲永祥,七世蒲世广,八世蒲继芳,九世蒲生汭,十世也就是蒲松龄的父亲蒲槃,十一世即是异史氏蒲松龄。

蒲松龄为始祖蒲璋作传,而事实上蒲氏一族事迹可考者,却始于高祖蒲永祥。蒲松龄为其作小传称:

> 公道德闻望,为一邑所仰重,暮年举耆德于乡,邑侯时就正焉。居第在东街,好倚仗坐门外,过者无不下骑。

当时,有一个姓国的少年登第,志得意满,经过蒲永祥面前时,竟然"驰而过之"。他的父亲知道以后,勃然大怒,严厉的将他斥责一番,并责令他到蒲永祥门前负荆请罪。此段传闻虽是小道,亦可从中窥见蒲氏一门在当时的乡里威望。

蒲氏氏族在明代的繁盛不仅表现在人口的繁盛方面,这个传统耕读的书香之家,对读书向学有着执著的热爱,蒲家村一时也是向学之风盛行无比,且包括蒲松龄一支血脉在内,蒲氏不断有

人在科举功名之上有所成就。明代万历年间，县学中仅有廪生8人，而蒲氏就独占其6，一时间蔚为大观。此后，蒲氏一门科甲相继，按蒲松龄自己所说："虽贵显不及崔、卢，而称望族者，往往指屈之"。这也为蒲松龄终生追求的科举梦想积淀下了无比深厚的执著性与坚定性。

蒲松龄的远祖蒲臻在当地是小有名气的文人。蒲松龄的高世祖蒲世广，是蒲氏一族中第一位廪生，"少聪慧，才冠当时"，擅长掷钱为六丰之戏，且"不助恶人为虐"，侠气仗义。其四子中三人为庠生，一人为训导。其后世子孙在明清两代出了包括县令（三人）及教谕、训导等职的进士、举人、贡生、廪生、庠生共数十人之多。以故族谱中其小传后有"蒲氏文学自公始"之语。曾祖父蒲继芳，同他父亲一样是个秀才。叔祖父蒲生汶即蒲松龄屡次提到的玉田公，万历壬辰科进士，任直隶玉田县知县，膺封文林郎，是家族功名最高的人物，亦是当时有名的孝子，听闻老母患病，呕血数斗，死在衙门。他孝于亲、笃于友的事迹载入县志孝友传。受家族影响甚深，热衷于科举的蒲松龄对这位叔祖父有着复杂的乐道之情，甚至于将他写进《聊斋志异》，大抵可窥见一些作者不易察觉的隐秘心情吧。

追本溯源找到蒲氏远祖所在，由于年代久远，所载文献疑点颇多，后人对蒲松龄的身世研究便出现了多种怀疑猜测，最多集中在异史氏的族属文题上。

关于蒲松龄的先世族属一直存在多种争议，一说蒲氏源于蒙古，二说系女真一支，三说属于回族，四说，也是目前得到普遍公认的论断，汉族说。

按照上文所引蒲松龄《族谱引》中的记载可见，他本人是自

认般阳土著的，其后裔也认可这一点。此外，蒲松龄《述刘氏行实》（刘氏乃蒲松龄之妻）中所载，蒲松龄全家信佛重僧且圈养家猪，不符合山东地区回族人及其后裔的宗教信仰和风俗习惯。另外，蒲鲁浑、蒲居仁二位先祖在元代担任过般阳路总管，当时朝廷对路总管人选的任用有明确的规定："世祖二年春，二月甲子。以蒙古人充各路达鲁花赤，汉人充总管，回回人充同知，永为定制。"（《元史·世祖纪三》）可见，由汉人担当各路总管是元朝定制，蒲松龄作为二位汉人先祖的后裔，自然是汉族无疑，基于这一点，1981年7月26日的《光明日报》转载了蒲松龄纪念馆发表的《蒲松龄不是少数民族》的文章，至此，汉族说这一说法也越来越多地被大众认可。

与此同时的百年时间里，关于蒲松龄夷族之说的学者和相关人士亦不占少数。他们对于这一论断的质疑，对汉族说的驳斥立论之处，多是源于蒲氏先祖"不类汉人"的名字——蒲鲁浑。这一质疑事实上也并非毫无道理。宋、金、元是中国历史上民族矛盾异常尖锐、异常激烈的时代，同时也是民族大融合、大迁移的同化时代。由此推知，即便蒲松龄认定其远祖是般阳汉人无疑，亦不能完全证明经迁徙而居于汉人之地的蒲氏先祖就是真正的汉族人。由此，秉持不同意见的研究者又做出了多种推断：

认为蒲松龄系蒙古族者提出的依据，首先是蒲鲁浑这一人名完全是蒙古族人的汉族译名，更为确凿的是《蒙古族简史》中"蒙古族文学家"名列之下赫然标记着蒲松龄的名字。

持女真族说法者则认为，蒲鲁浑并非姓蒲名鲁浑，而是女真族文字习惯的满语。《乌延蒲察通传》中"蒲察通本名蒲鲁浑"的记载便是最为有力的佐证。对于《元史》所载，汉人充总管的

规定，女真族说法的拥护者这样解释：金统治下的汉人并非如今纯粹意义上的汉族，而是包括汉族、女真族、契丹族等，蒲鲁浑最大的可能则是当时汉人中的女真族。

另，坚持蒲松龄回族说的人士所提出的依据更为丰富，但其立论的起点依然是聚焦在蒲鲁浑的名字之上。穆斯林《古兰经》111章中即有此名，该人是穆罕默德的叔父。蒲姓亦是阿拉伯移民的常用姓氏，蒲字在伊斯兰世界被誉为"尊者"、"灵魂"之意。他们认为蒲居仁乃是汉化后的西域回族，据明弘治八年（1495）陈道、黄仲昭合修的《八闽通志》卷27所载，蒲居仁曾与元泰定年间（1324—1328）任福建等处都转运盐使，主管盐铁酒醋专卖之事，兼管市舶司，而其时市舶司长官多以回回居多。此外，淄川蒲氏曾遭夷族之祸，按《蒲姓族谱》云："世秉清真教，天下蒲姓皆一脉"。总总证据使得拥护蒲松龄回族说者人数甚重。

综上所述，在关于蒲松龄民族成分问题的讨论中，诸说皆力求言之有据，但毋庸置疑的是，这些说法自身都有无法自圆其说的疑点，或是立论之处，或是所选论据，总之，其推导出的结论亦不能令人完全信服，对于淄川蒲氏到底类属哪个民族，至今仍然不能定案。但这些看似无稽的论证讨论却在另一方面推动了蒲松龄的研究进程，使后人对作家本人以及对其作品的研究有了更为广阔的视野和更为开阔的思路。

我们在关注和研究问题的同时，必须时刻警醒的一个讯息则是，对于异史氏的研究不可本末倒置，淄川蒲氏无论属于哪个民族的后裔，蒲松龄先生不论是汉族还是少数民族，他对中国文学的贡献是毋庸置疑的，他的文学成就和人格魅力在华夏人文史上的地位亦是不容动摇的，他的作品对中华后代以及海外人士的影

响力更是深刻而远大的,当然,对于异史氏的研究和探索更是仍需前仆后继的不断努力的。

2. 衰败之家

明崇祯十三年(1640)四月十六日戌时,蒲家庄内故宅北房,蒲松龄的父亲蒲槃"梦一病瘠瞿昙偏袒入室,药膏如钱,圆粘乳际",后见新生儿身上"果符墨志"。异史氏蒲松龄的降生带着传奇而不祥的征兆,似乎其"病瘠瞿昙"的自况之外,也暗暗预示着蒲氏一族盛极已过后的萧条之境,更预示着这个"岁事似饥荒"年所降生的蒲氏后代贫苦困顿的一生。

蒲氏一族传至蒲松龄的父辈,共有兄弟五人,蒲槩、蒲楔、蒲槃、蒲柷、蒲枼。蒲氏曾经"科甲相继"的鼎盛时期到了此一辈,早已渐入困顿,他们在举业上一无所成,加之明清易主的大动乱年代,家世衰微,生计亦陷入危机。

蒲松龄的父亲蒲槃,字敏吾,自小读书力学,期望能如前辈们一样,于科举功名上出人头地,但一直科名蹭蹬,最终连个秀才也没有考中。而随着家境日贫,不得不弃学从商。舍弃举业而成为一个商贾,对于那个士为四民之首、商为四民之末的时代文人来说,不仅有违个人夙愿,对家族来讲亦是辱及门风,蒲槃生长于书香之家,能够作此选择可见其家境实在维艰已极。

蒲槃在科举之路上屡屡碰壁,于商海之中却一帆风顺,"数年间,乡中成为素封",经过多年的聚积,蒲家渐趋富裕,家资颇丰。但这样的日子并没有持续太久,蒲松龄一家便又一次陷入了困境。究其原因可归纳为如下三点:

一则,关于蒲氏家族无人能免的科举梦想,蒲槃虽为生活所

迫弃儒从商，但"其经商之余，不忘经史"、"博洽淹贯，宿儒不能及也"。蒲槃在其经商期间仍热衷于广泛阅读各种书籍，到得四十岁之上，干脆停业停商，闭门谢客，一心治学，手不释卷，其学识的渊博程度甚至超过了当时的一般宿学名儒。

二则，蒲槃的乐善好施，成为他财富流失的重要原因。遇灾年，平生所得金钱倾囊散去，救济乡里，全活众人。明末战乱时，"出钱百贯，会众村南枣树下，悬贯满树"，以使"壮者争出战，淄邑城守倚以为援"。清初屡次抗谢义军，并"出资修筑城垣属十丈"，因而县志将其载入"隐逸"之中。但从表面来看，似乎是蒲槃救人之难的性格导致了家境的衰败，而深入究之，蒲氏兄弟在战乱时期所作的善举，其实是反对农民起义，拥护明朝廷的，这在当时风雨飘摇的战乱年代，军寇混杂的乡里民间无疑是众矢之的，以至于后世乾隆年间所修的《淄川县志》提及此段故事时多有笔墨。蒲松龄的好友李尧臣也在《蒲处士敏吾传》中记述了这段经过："顺治丁亥，谢贼由东山窥淄川城，蒲氏村众邀击之，贼败去。又数以群马过村，集众炮击，杀贼马数十匹……"在这次战斗中，蒲枳死于马下，自然蒲氏兄弟为此耗资亦不计其数。

三则，由子所累，食指日繁。蒲槃先后配孙氏、董氏、李氏。长子夭折，四十余年苦无男丁，在此期间，万贯家私对于这个封建社会的"不孝子"可谓过眼云烟，绝后的悲辱使他对金钱更是丧失了热情，因此，被这种心态所困扰的蒲槃便心灰意冷的将家财尽数散去，也就有了多处"得金钱辄散去"之举。蒲槃于绝望之际，决议过继胞弟蒲枳的儿子兆兴，而后则出现了意想不到的状况。先是嫡妻董氏生子兆专，后是庶妻李氏生子柏龄，接着是董氏又生两子松龄、鹤龄。"累举四男"之后又添一女，四子一

女的相继出世，使得刚刚为无子而烦恼的蒲槃，不得不为"食指日繁"而大伤脑筋。其后，"食指烦，家渐落，不能延师，惟其自教。"蒲槃中年家财不丰之时却儿女相继，生活日益贫寒，甚至连儿子念私塾的银钱都没有，只好自己亲自教导。

由此可见，蒲松龄出生在一个衰落的富足之家，耕读传世，却商贾起家，父辈传奇的人生没有带给他物质上的优越，但蒲氏家族世代的累积，于潜移默化之中，给了这位杰出的文学家早年丰厚的文化补偿，也为他沉浮科考的戏剧生涯拉开了帷幕。

二、科场沉浮

蒲松龄和那个时代的很多文人一样，困囿于科举与功名交织的诱惑中，一生无法自拔。不同的可能是蒲松龄窘困波折的科举之路，却是从无限得意的少年进学开始的，他19岁便以三试第一名的成绩被补为附生，此后意气风发，结诗社、交朋友，以为一切尽在掌握。然而随着蒲氏大家庭解体，兄弟折箸，蒲松龄的生活变得空前贫困，他不得不为了妻儿生计，开始了岁岁游学的生涯。但在此期间，蒲松龄并没有放弃自己的功名前途。从顺治十七年（1660）开始，他基本没有中断的参加岁试、科试和乡试，期间有过乡绅达贵的推荐帮助，但或因自身文章问题，或因科场规范问题，或因更多复杂原因，蒲松龄的每一次应试都以失败告终。他的科举经历，可以作这样的简单概括：考试——失败——再考——再失败——再再考——再再失败……而在此期间，蒲松龄的妻儿则和他一起忍受着饥寒交迫的生活，直到蒲松龄垂暮之年，几个儿女立业成家，这个苦难的家庭才从贫穷的阴影中一步步走了出来。蒲松龄在66岁之后也决定结束游学，停止科举。70岁上被推为乡饮宾介，后来又入岁贡，算作他孜孜以求了一生的功名之路上，有了一点微不足道的光明。而年过古稀的蒲松龄身

体状况日益衰退，加之发妻刘氏的离世、两个幼孙的夭折以及胞弟蒲鹤龄的亡故给他的精神带来了沉重的打击，这位伟大作家的生命指针便永久的停在了76岁的时刻之上。

1. 少年得志

蒲松龄的青少年时代，正是明清易主之际的社会大动乱年代。大明朝廷朝政荒废，吏治腐败，灾荒四处，哀鸿遍野，李自成、张献忠等人的农民起义队伍纵横陕西、湖北、河南诸省，与明朝军队犬牙交错，而后，吴三桂勾结满洲贵族掠取农民起义军的胜利果实，清兵入关后又开始对汉族人民的反抗斗争进行血腥的镇压，清政权稳定后，吴三桂、耿精忠、尚可喜三番割据，与清朝廷展开波及宏大的战争，大半中国都沦于战火之中，持续有半个世纪之久。

蒲松龄恰恰生长于这样的乱世，在他出生之前，他的父辈同其他地主阶级一样，受明清朝廷的蒙蔽笼络，将官员与朝廷的矛盾，满人与汉人的矛盾统统转移到起义农民军队身上，并借恢复的科举制度增加了对当局统治者的信任，加之，出于地主阶级的本性，蒲氏至蒲松龄父辈一代对待农民起义军的态度是明确对立的，他们曾自动组织蒲家庄村民与义军死战，甚至不惜以生命为代价。总其结果就是，蒲松龄出生以后，蒲家已然衰败，他的童年生活是介于民族战乱与家庭动荡之间的。

如前章所述，蒲松龄兄弟四人中排行第三（董氏次子），上有兆专、柏龄两兄，下有一弟鹤龄。因家境渐落，不能延师，兄弟四人皆从父读。蒲松龄天性聪慧，经史过目便能了悟，父亲对他格外钟爱。蒲松龄的长子蒲箬所撰《柳泉公行述》中说："先父

天性慧，经史过目能了，处士公最钟爱之。"

蒲松龄十余岁时，与同邑丰泉乡大刘庄（今淄川区罗村镇道口村）"文战有声"的庠生刘国鼎次女定亲。清顺治十四年（1657），18岁的蒲松龄完成了成人之礼，迎娶刘氏为妻。与此同时，也开始了他传奇而戏剧的科举生涯。

清顺治十五年（1658），新婚后的蒲松龄初试科场便一鸣惊人。即以县、府、道三第一补博士弟子员，文名藉藉诸生间，并大为山东学使施闰章称赏。施闰章，字尚白，号愚山，安徽宣城人。顺治六年（1649）进士。先为刑部曹，在京与诸名家唱和，诗文兼善，与山东宋琬齐名，有"南施北宋"之称。施闰章给山东秀才考试出的第一道考题叫《蚤起》，这个题目是从《孟子》"齐人有一妻一妾"来的。也就是说，考生要根据出处阐述孟子在《蚤起》里面所讲的那种修身齐家治国平天下的大道理。这也是科举考试一项既定的规则，即以八股文代圣贤立言。蒲松龄则一反常态而行乖僻之路，以生动的小说笔法于考卷之上作了一篇描写人情世态的精美小品文，有情节虚构，有人物独白，亦有东方文学鲜见的人物心理描写，他的那篇应试作文翻译成白话大概如是："我曾经观察过那些追逐富贵的人，君子追求金榜题名，小人追求蝇头小利。至于那些本身并不富贵、但是经常迫不及待地守在富贵人家门前的，也大有人在。而对功名不感兴趣的，只有那些深闺的女子，她们才可以悠然自在地睡个懒觉，不去追名逐利"。

这样的写法，当然不符合八股文的要求，但是蒲松龄遇到的考官却恰恰是爱才如命的大文学家施闰章，他非常欣赏蒲松龄的文章，拿起笔来就写批语："首艺空中闻异香，下笔如有神，将一时富贵丑态，毕露于二字之上，直足以维风移俗。次，观书如

蒲松龄

月，运笔如风，有掉臂游行之乐。"就是说，这样赏心悦目的文章就如同甩着臂膀在美景中游玩一样。理应列为榜首。他认为蒲松龄的文章"将一时富贵丑态毕露于二字之上"，把人们那种追名逐利的丑态通过《蚤起》这两个字写绝了，写活了，接着又写了八个字的评语："观书如月，运笔如风"。"观书如月"，就是看前人的作品，看得明明白白、透透彻彻；"运笔如风"，就是写起文章来轻松愉快，非常流畅。

蒲松龄得到这位名家大儒的赏识，被取为头名秀才，蒲松龄对这位名儒的知遇之恩可谓铭记一生，他把这种乱世怜才，正直师表的恩师情怀写入了《聊斋志异》的《胭脂》篇中，蒲松龄在末尾道：

愚山先生吾师也。方见知时，余犹童子。窃见其奖进士子，拳拳如恐不尽；小有冤抑，必委曲呵护之，曾不肯作威学校，以媚权要。真宣圣之护法，不止一代宗匠，衡文无屈士已也。而爱才如命，尤非后世学使虚应故事者所及。尝有名士入场，作宝藏兴焉"文，误记"水下"；录毕而后悟之，料无不黜之理。因作词文后云："宝藏在山间，误认却在水边。山头盖起水晶殿。瑚长峰尖，珠结树颠。这一回崖中跌死撑船汉！告苍天：留点蒂儿，好与友朋看。"先生阅而和之曰："宝藏将山夸，忽然见在水涯。樵夫漫说渔翁话。题目虽差，文字却佳，怎肯放在他人下。常见他，登高怕险；哪曾见，会水淹杀？"此亦风雅之一斑，怜才之一事也。

这段引述于字里行间，倒是另可体味出蒲松龄对恩师名臣的怀念、期待，兴许还有日后屡试不第的愧疚与赧颜之情。当然，此是后话了。

***

顺治十六年（1659），踌躇满志的蒲松龄20岁，正值一举进学，盛名乡里的得意之时，自以为等在前面的人生之路、科举仕途是一马平川的光辉大道。他和中国历史上众多少年风华的文士一样，开始了有目的、有雅致、更是有信心的诗社交友，于是在蒲松龄短暂的得意人生中出现了一个重要的名词，就是"郢中诗社"。

"郢中诗社"成立于端午节，取名"郢中"，取宋玉《对楚王问》中"客有歌于郢中者"之意，表明结社人"调既不高，和亦云寡"。有敬仰和学习屈原的意思。同时，郢人善歌，不管是阳春白雪还是下里巴人，皆有所能。以此为名，自然也含有雅俗共赏的意思。和蒲松龄一起致力于这个活动的人多是与他差不多同时进学、也正值春风得意得淄川秀才们：

张笃庆，字历友，号厚斋，世居蒲家庄西南20余里的昆仑山下，所以自号昆仑山人，是淄川当地的官宦大族。其曾祖张至发，明末官至礼部尚书、文渊阁大学士，告病返乡，卒赠太子少保，赐茔田八百亩。但张笃庆的祖、父辈却都没有进入仕途，经过明清易朝的战乱，家世衰败。张笃庆比蒲松龄小两岁，却早一年进学，年仅16岁的他凭着"初生牛犊不怕虎"的气概，根据施闰章《画牛》的题目，略加思索，挥笔而就。当场便被施闰章"面序采芹"，一时间乡里皆传为美谈。张笃庆同蒲松龄一样被施闰章录取为秀才，年轻时亦显赫一时，王渔洋更称其"淹博华瞻，千言可

立就"，为"冠古之才"。但其命运却非这两位大家所预期，张笃庆也是终身科举，以贡生终老。

李希梅，字尧臣，号约庵。与张笃庆同年生人，且同年进学，与蒲松龄居所临近，二人过从甚密。李家虽非淄川大户，也算官宦人家。父亲李宪，清初进士，受浙江孝丰知县，不久便因"积劳卒于官"。李希梅家有藏书、爱好金石，他盛名于乡里之时也仅仅15岁年纪。亦是淄川当地，人们乐于称道的得志少年。

此三位由于秉性相投、经历相似，彼此欣赏，他们经常结社聚会，饮酒作诗，以至后世将他们并称为"郢中三友"。此外，加入诗社的还有张笃庆的表兄王甡（字鹿瞻）、张笃庆的二弟张厯庆（字视旋）。这段时间，他们在一起诗词酬唱，切磋文章，"相期矫首跃龙津"。每聚首则放怀吟咏，寄兴唱和，诗成共载一卷。旨在长学问，消躁志，相互切磋，以补文业。"郢中社"的成员当时风华正茂，书生意气，"不时得相晤"，"瀹茗倾谈，移晷乃散"，共同的理想、爱好使他们结下了深厚的友谊。蒲松龄在《郢中社序》中对此有详细记载。文章说：

> 谢家嘲风弄月，遂足为学士之章程乎哉？余不谓其然。顾当今以时艺试士，则诗之为物，亦魔道也，分以外者也。然酒茗之燕好，人人有之。而窃见夫酒朋赌社，两两相征逐，笑谑哄堂，遂至如太真终日无鄙语；不则喝雉呼卢，以消永夜，一掷千金，是为豪耳。耗精神于号呼，掷光阴于醉梦，殊可惜也！余与李子希梅，寓居东郭，与王子鹿瞻、张子历友诸昆仲，一埠堄之隔，故不时得相晤，晤时瀹茗倾谈，移晷乃散。因思良朋聚首，

不可以清谈了之，约以宴集之余晷，作寄兴之生涯，聚固不以时限，诗亦不以格拘，成时共载一卷，遂以'郢中'名社。或疑名之大而近于夸矣，而非然也。嘉宾宴会，把盏吟思，胜地忽逢，捻髭相对，此皆燕朋豪客所叹，为罪不至此者也。其有闻风而兴起者乎？无之矣。此社也只可有一，不可有二，调既不高，和亦云寡，"下里巴人"，亦可为"阳春白雪"矣。抑且由此学问可以相长，躁志可以潜消，于文业亦非无补。故弁一言，聊以志吾侪之宴聚，非若世俗知交，以醉饱相酬答云尔。

这段记述作为研究蒲松龄年轻生活的重要资料，不仅从字面上看到了风华正茂的异史氏积聚一身的风雅志气，并且能够洞悉蒲松龄自身的生活情趣，人生价值观，他们鄙视庸俗的生活，提倡道德文章，认为应该以诗歌来陶冶情操，抒发才气。由文中可见，这几位少年志向不俗，但思想上又难免少年的天真，年少进学的传奇经历使他们多了自负，少了自省，似乎功名举业事实上是唾手可得的物件，而施闰章反主流的用才之道，更是将这种误导做成了一个确凿的假象。

诗社的生活在蒲松龄的诗作集中没有留下什么痕迹，后人无法看到这位短篇小说之王的早年诗作，李尧臣的《四百斋诗文集》至今未见，只有张笃庆《昆仑山房诗集》中尚存《希梅、留仙自明湖归，与顾当如社集同赋》《龙兴寺同蒋左箴、王鹿瞻、蒲留仙限韵》《同留仙、希梅及锡、履两弟月夜泛舟西溪，分韵得"洲"字》《与同社诸子论诗》等等。这些诗作或白日寺院观光、或月夜湖中泛舟，唱和之间，尽显悠闲与潇洒。但事实上，"郢

蒲 松 龄

中社"并没有维持太久，诗社成员的唱和往来亦是好景不长。究其原因，一则是诗社成员之间门第差别、贫富差异较大，使得结社机会愈显稀少，张笃庆亲友多官宦，李希梅因父亲"卒于官"而过早地挑起了家庭重担，至于蒲松龄更是因为家道的衰败而不得不到乡绅家做起伴读。二则是诗社建立不久，顺治十七年（1660）和康熙二年（1663）的两次乡试，他们全体名落孙山，从此屡战屡败，开始了他们终身潦倒的不幸生活。蒲松龄古稀之年回忆起这段年少轻狂的诗社生活，不禁感叹：

忆昔狂歌共夕晨，相期矫首卧龙津。
谁知一事无成就，共作白头会上人。

这不禁成为郢中诗社的总结，同时也是对这一代青年士子命运的总结。而当时正当少年的蒲松龄对于前两次乡试的失败并没有锐气受挫，反而更加刻苦的攻读经史。

＊＊＊

康熙元年，蒲松龄始得长子蒲箬，隔年，应李尧臣"共笔砚"之邀，就读于李家，同读的还有李希梅的外甥赵晋石。这一方面是看重蒲松龄能文，在一起研讨文事，切磋琢磨，便于日有进益；另一方面也有相助之意，为他提供个安心读书的环境，提供些诸如灯火之类的条件，或者还可能有一些衣食方面的资济。后来，蒲松龄在《中秋微雨，宿希梅斋》诗中云：

萧索秋风落木时，绨袍长铗欲何之？
一床灯火眠疏雨，十载飘零感旧知。

蒲松龄曾做《醒轩日课序》记述他们的读书情况，其序云：

> 李子希梅，与余有范、张之雅。甲辰春，邀我共笔砚，余携书而就之，朝分明窗，夜分灯火，期相与以有成。忽忽数载，人事去其半，寒暑去其半，祸患疾疫之杂出者又去其半，回思书之熟肆、艺之构成者，盖寥寥焉。或以是诮余，余赧然自惭，而强词以对曰："朝夕吟咏，隽语堪惊，半载之余，大被雅称，学问日益，伊谁之功？"客笑曰："日月逝矣，而功业未就。李子聪明，乃其天授，子何力之有焉？试思日所临摹，伊王伊柳？日所诵习，其韩其欧？不知自警，亦足羞矣。"余然后嘿然而惭，凛然而不敢辩也。……

数年过去，他和李尧臣都未能乡试中式，了无成就，从文字上的蛛丝马迹来看，蒲松龄和李希梅也确实未专心治举子业，他们的兴趣恐怕是偏重在诗古文词，从后来他们的文学成就看，李尧臣在当地颇有文名，曾应邀参加纂修《济南府志》，享有"一代文宗"之誉的王士禛曾评其文曰："按之八家尺度，不爽毫黍。"蒲松龄工于文，后世《聊斋志异》名垂青史自然也无须质疑。

据袁世硕先生考证，蒲松龄很有可能在李尧臣家一直待到康熙九年（1670）也就是他南游作幕之前。张笃庆《昆仑山房诗集》中作于康熙五年（1666）的《寄留仙、希梅六首》其一：

> 历下归来后，松关尽日虚。

黄花秋已过，雨雪岁将除。
　　病里依耽酒，愁中罢著书。
　　故人寄尺素，长跪意踟蹰。

其二：

　　每忆昔游日，被襟羡尔豪。
　　缄书歌下里，魂梦在东皋。
　　聚散同回首，浮沉自我曹。
　　知音寥落甚，《白雪》向谁操？

其五：

　　极目思悠悠，城边百尺楼。
　　荒亭今已没，流水迥生愁。
　　碧柳曾攀折，黄昏自去留。
　　皇姑庵畔望，肠断菊花秋。

这些诗作，都是张笃庆与蒲松龄、李尧臣往来慰问之作，按袁世硕先生分析：全诗的基调是"青云计未成"之伤感，中间时而追忆数几年他们结社同游相酬唱之况，抚今追昔，表知音寥落之悲哀。

　　总之，初出茅庐便锋芒毕露的蒲松龄，在他的少年时代无论对仕途前程还是人生抱负都是充满信心的，他渊博的学识，炉火纯青的写作技巧，是从也是从青少年时代苦读锤炼中得来的，这

些专心攻读的单纯岁月，对尚未预见未来的蒲松龄来说，不仅是创作与学识的基础期，更是他一生中的美好回忆。

2. 困顿中年

康熙四年（1665），困于闱场，生活已经非常困窘的蒲松龄一家陷入了空前的危机，蒲氏兄弟折箸分家。这便要从蒲松龄的婚姻说起。

蒲松龄在其所撰的《述刘氏行实》云：

> 孺人刘氏，蒲松龄妻也。父文学季调，讳国鼎，文战有声，生四女子，松龄妻其次也。初，松龄父处士公敏吾……闻刘公次女待字，媒通之。或訾其贫。刘公曰："闻其为忍辱仙人，又教儿读，不以贫辍业，贻谋必无蹉跌，虽贫何病？"遂文定焉。顺治乙未间，讹传朝廷将选良家子充掖庭，人情汹动。刘公初不信，而意不敢坚，亦从众送女诸婿家，时年十三……

正如前文所述，刘氏的父亲是有名的淄川秀才刘国鼎，刘氏是其幼女，顺治十二年，民间谣传朝廷要选民女入宫，一石激起千层浪，家有少女者纷纷送至夫家，刘国鼎也把女儿送到蒲松龄的母亲董氏身边，直到后来谣言渐止，刘氏才返回娘家，两年之后，正式过门。

刘氏家教极好，性格温良，为人谦和，不善多言，婆婆董氏对其钟爱有加，"谓其有赤子之心"，"到处逢人称道之"。也正因如此，刘氏遭到妯娌们的强烈不满与嫉妒，尤其是大嫂韩氏，

经常为此公然吵闹，久之，一家矛盾越来越激化，共同生活在同一个屋檐之下已经渐渐不可得，于是，蒲松龄的父亲蒲槃决定为儿子们分家。

在封建社会的旧式传统大家庭中，旧有的观念是子孙一堂，和睦兴旺，类似于蒲家这种分家的结局实在是不得已的非常举措。此外，对于蒲家这一堂儿女来讲，分家又是一场无情的斗争，看起来弱肉强食的争夺，实际上却意味着将蒲槃原本就不丰厚的家资进一步分解，蒲松龄兄弟们的生活开始向更为艰难的状况走去。

蒲槃无力延师教子，食指日蕃，家道已然衰败，兄弟们所能分到的家产也都实在有限，而蒲松龄在这场"斗争中"处于弱势，吃亏最多。他同样把这段过往写进了《述刘氏行实》：

时岁歉，荞五斗、粟三斗，授田二十亩。……兄弟皆得夏屋，爨舍闲房皆具，松龄独异，居唯农场老屋三间，旷无四壁，小树丛之，蓬蒿满之。

可见，分家后的蒲松龄只有二十亩薄田，三斗荞麦、五斗小米。还要搬出旧宅，住到村西三件场屋中去。而这三件房又十分的简陋，墙土剥落，门窗亦损，院门连一块门板都没有，只好向堂兄借一块装上，庭院之中，荆棘丛生，虫蛇横行。又正值荒年，蒲松龄一家顿时陷入了前所未有的困窘之境中，他有一首诗，叫《日中饭》为我们生动的描写了麦收时节，家中粮食短缺，孩子们争抢米粥的情景：

儿童不解燠与寒，蚁聚喧哗满堂屋。大男挥勺鸣鼎

铛，狼藉流饮声枨枨。中男尚无力，携盘觅箸相叫争。小男始学步，翻盆倒盏如饿鹰。

蒲松龄此时已经有三个儿子和一个女儿，大儿子一看煮好了稀饭，抢先把勺子抢到手里面，到锅底下找最稠的往自己的碗里边放，二儿子见了，上去跟哥哥抢。小女儿就很可怜地、远远地站在那儿看着自己的父亲。蒲松龄非常心疼，我怎么样养活我这些可怜的孩子啊！

他的另一篇文章叫《除日祭穷神文》。

穷神，穷神，我与你有何亲，兴腾腾的门儿你不去寻，偏把我的门儿进？……我就是你贴身的家丁，护驾的将军，也该放假宽限施恩。你为何步步把我跟，时时不离身，鳔粘胶合，却像个缠热了的情人？

意思是穷神穷神，我和你有什么亲，你怎么整天寸步不离地跟着我，我就是你一个护院的家丁，我就是你护驾的将军，你也得放我几天假呀，但是你一步不放松，好像是两个缠热了的情人？

蒲松龄为了交税，要卖掉缸底的存粮，卖掉妻子织的布，甚至卖掉耕牛。这样饥寒交迫的家境，使得他不得不违心的终止了在李家的借读，把20亩薄田请人代耕，自己外出觅馆教书，靠微薄的收入维持一家三口的生活（长子蒲箬已经五岁）。而刘氏更是不得不将繁重的家庭负担一力挑起。

刘氏一共生育四子一女，在蒲松龄岁岁游学，外出坐馆的漫长日子里，她要靠丈夫微薄的舌耕收入维持温饱，在村外的陋室

中，抚育孩子们，可以说，刘氏的一生，一直过着贫困孤寂的生活，但是这位平凡妻子和伟大的母亲却有着一颗安贫乐道的知足之心，她没有被丈夫的功名意识熏染而变得贪慕名利，甚至在蒲松龄考到50岁仍没有中举的时候，她规劝丈夫放弃科举之路，不要再考了，倘若命里该得富贵的话，早就做到台阁宰相了。平民百姓自有百姓的乐趣，又何必非做官不可呢。

蒲松龄一家的生活全靠刘氏一人量入为出，惨淡经营，而刘氏确实理家有方，如此千疮百孔的家境，却能做到井井有条，未因拖欠而遭到税官的呼号催逼，而随着子女们一个个长大成人，还能够达到"一子娶一妇，必授一室"的状况。她白天劳作，晚间纺线，垂老时肩臂劳伤，仍然纺车不停，自己勤俭之极，衣带补丁，食粥度日。长子蒲箬在《柳泉公行述》中回忆母亲之时写道："嗷嗷数口，频度凶年，尚能觅佣作堵，起屋增田，男婚以期，女嫁以时。呜呼！夫孰非我母赞襄之力哉？"蒲松龄也在《悼内》诗中将妻子的生活写照描写的动人悲戚：

　　自嫁黔娄艰备遭，家贫儿女任啼号。
　　浣衣更惜来生福，丰岁时将野菜挑。
　　怜我衰髦留脆饵，哀君多病苦勤劳。
　　幸逢诸妇能相继，井臼无须手自操。

就是在这样善良而孱弱的女性身上，天生的秉性和后天的压力交织一起，淋漓尽致的体现着中国妇女传统的美德。在她病笃之时，仍旧以"世尽庸医"的善意谎言劝阻家人不要浪费钱财为自己治病，临终之时，更留下了"无作佛事"的遗嘱。封建社会

的贫民百姓，不可能真的不乐食鱼肉，不信医佛，刘氏的初衷仅仅是怕浪费已经太过微薄的家资而已。

蒲松龄之所以能够无后顾之忧，长期在外坐馆、从事创作，并无数次投身科考，多赖这位贤内助。因此，他对自己这位跟随一生，受尽贫困的发妻刘氏有着深深地感激与愧疚，在刘氏过世以后，蒲松龄时时回忆妻子生前诸事，写下了多首悼亡词、纪念与哀悼。

***

面对着分家后"居惟农场老屋三间，旷无四壁，小树丛丛，蓬蒿满之"的现状，尤其是弱妻幼子及窘困的家境，蒲松龄自康熙五年（1666），迫于生计而暂时放弃举业，开始了"岁岁游学"的生活。他的长子蒲箬《柳泉公行述》云："自折箸，薄产不足自给，故岁岁游学，无暇治举子业"。

从顺治十五年（1658）进学以后到康熙九年（1670）南游之间的时间里，曾应李尧臣之邀，于康熙三年春到城东李家与之"共笔砚"（前文已述）。但弱妻幼子及窘困的家境，迫使蒲松龄不得不违心的终止了在李家的借读。先后在本邑的沈德符家和王永印家设帐。在此期间，蒲松龄其实并未完全放弃举业，顺治十七年（1660）他既进学以后第一次乡试失败，于康熙二年（1663）又一次应试，但不幸的是这一次也没有喜报传来。

康熙九年（1672），已经30岁的蒲松龄到江苏宝应县作友人孙蕙的幕府之宾。（此节过往将在后续章节中详述）到次年辞幕归家，也就是蒲松龄开始游学之后至此时，他没有再参加过乡试。

种种原因所致，康熙十年（1671）八月初，蒲松龄从江苏宝应县辞幕归家，得到了一封宝应知县孙蕙的说情书札，信心大增，

蒲 松 龄

重整旗鼓，又重新燃起了斗志，开始为明年的乡试做准备。久别离家，看到老母发妻，和刚刚出生不到三个月的小儿子，心中荡起了春风，觉得一切可以从头再来，科举之路还有光明等在前面，于是他给这个得意之时出生的儿子取了一个寓意深长的名字——蒲筠。他在中秋节前夕与族中也已经进学的子弟小酌，分韵赋诗，蒲松龄作了一首《八月新归，觉斯、螽斯两侄邀饮感赋，得深字》：

> 江湖万里泪沾襟，曾有新诗寄竹林。
> 露湿寒阶萤上下，风清良夜月升沉。
> 莺花岁逐行尘老，骨肉情因患难深。
> 羁旅经年清兴减，消磨未尽只雄心。
>
> 松影横披酒自斟，一窗灯火百年心。
> 壮怀击筑谈风月，逸兴弹筝吊古今。
> 盘错不销惟瘦骨，消磨未尽只雄襟。
> 吾家子弟晨星少，前路勋名望子深。

可见，此时的蒲松龄对于明年的乡试是充满豪情与信心的，不但要自己中第，更在激励族人共同努力，为蒲氏一门光宗耀祖。

但是事情远没有他自己预计的顺利，次年秋天，蒲松龄抱着极大的希望参加济南乡试，结果依然名落孙山。受到强烈刺激的蒲松龄，满腹愤懑之情，今从他写给同样榜上无名的好友王观正的词中便可体味到当年的无比愤慨：

天孙老矣，颠倒了天下几多杰士。蕊宫榜放，直教那抱玉卞和哭死！病鲤暴腮，飞鸿铩羽，同吊寒江水。见时相对，将从何处说起？每每顾影自悲，可怜肮脏骨消磨如此！糊眼冬烘鬼梦时，憎命文章难恃。数卷残书，半窗寒烛，冷落荒斋里。未能免俗，亦云聊复尔尔。（《大江东去·寄王如水》）

　　蒲松龄这些鼓励中再一次打起精神，于康熙十四年（1675）踏入围场，但冥冥中一般，蒲松龄依然铩羽而归。再一次重复失败更为加剧了蒲松龄的痛苦，他在写给李希梅的饮酒词中尤为抒发了自己无法忍受的凄苦之情：

　　为问往来雁，何事太奔忙？满斟一琖春酒，起舞劝飞光。莫要匆匆飞去，博得英雄杰士，鬓发已凌霜。梦亦有天管，不许谒槐王。昨日袖，今日舞，已郎当。便能长醉，谁到三万六千场？漫说文章价定，请看功名富贵，有甚大低昂？只合行将去，闭眼任苍苍。（《水调歌头·饮李希梅斋中》）

　　这首词不但苦闷、心痛，更加入了消沉与悲观的情绪，此后的很长一段时间，蒲松龄时而忧伤自叹，时而愤慨不平，时而自我鼓励，他不但继续忍受贫困和科举失意的双重折磨，更将此种难言的复杂情感有意无意地代入自己的作品之中，艺术地展现了封建王朝后期科举制度的黑暗腐朽，并深刻揭示了一代知识分子所受的折磨与打击。除了表露在诗词中，还将其编制融入到自己

的狐鬼花妖世界之中：

《聊斋志异》中多篇科举考生的故事，《叶生》则最为代表性。淮扬叶生"文章辞赋，冠绝当时"却久困科场，这无疑隐藏着作者自身的某种同病相怜，愤愤不平的复杂情愫。及至《王子安》《贾奉雉》《于去恶》等，对于这类书生和这类生活遭遇的刻画可谓入木三分了。

康熙十七年（1678），蒲松龄39岁，又是乡试之年，这一次他写了六七篇模拟乡试的"拟表"，然而却再次应试失败。此时的蒲松龄没有了先时的愤愤不平，怒号无状，也没有完全熄灭科举仕途对他的执迷诱惑，但是却更加坚定了自己"发愤著书"的意志，他在《同安丘李文贻泛大明湖》中坦荡地表达了自己对此的心态："鬼狐事业属他辈，屈宋文章自我曹"，一方面他对自己谈鬼说狐充满信心，另一方面，科举的屡次失意使他倍加需要另一个出口来得到世人的肯定与欣赏，对自己的凄凉孤寂，得不到世间温暖的境遇感到愤慨，从而到梦魂中去寻求知己与寄托，如他自己所言，这是一部"孤愤之书"。当然，蒲松龄倾注在作品里的远不止这些关乎于己的悲怜自叹的情感，更多则是融入了时代的针砭，理想的追溯，蒲松龄借助荒诞无稽的鬼狐故事，宣泄胸中的"奇气"，抒发其忧愤幽思之情怀，"抒劝善惩恶之心"，揭露世情黑暗，公道不彰。

康熙二十二年，44岁的蒲松龄终于被补为廪生，在此也有必要交代一下关于科举考试乡试的相关制度：

乡试每三年一次，例在子年、卯年、午年和酉年。在此之前，考生需要通过县、府、道三道关卡，即考中秀才。蒲松龄19岁便在这三次考试中连连得胜，但即便如此也属于刚刚进学的秀才行

列，也就是生员中最低的等级——附生，一般是没有资格参加乡试的。而这些秀才们也是整个科举考试塔式结构最底层、最辛苦的一群人，他们每年都要参加一次"岁考"，就是每年由各省学政巡回对所属的生员进行的考试，是考查生员平时的学业。成绩分为六等，附生考在一等者，可以补为廪生，二等者，可以补为增生。也只有这些在乡试前一年举行的"科试"中考取一等、二等及三等大省前十名、中小省前五名的廪增附生，才能准送乡试。所谓科试，是每三年一次的在举行乡试之前，先由各省学政对所属的生员进行的巡回考试，相当于预考，目的在选送成绩优异的秀才参加乡试。当时的秀才有附生、增生和廪生的不同区别。附生资历最浅，增生资历稍高，廪生最高，是享受廪膳（生活补贴，相当于今天的助学金）的秀才。

　　蒲松龄经过二十多年的艰苦努力，到了四十多岁才获得一个廪生的资格，说明他在岁试和科试中也是运气很差的。但是，44岁的蒲松龄，这一年被补为廪生以后，通过科试取得参加乡试的资格相对比较容易一些了。自此以后，蒲松龄抱着自己的科举梦在这条路上继续匍匐前进。先后四次乡试却又以相同的结果草草收场：

　　康熙二十六年（1687）秋，丁卯乡试。48岁的蒲松龄因"闱中越幅（在考场书卷时，误隔一幅，不相接连，就是情急之中翻错了页）而被黜。科举考试有严格的书写规范，每一页写12行，每一行写25个字，还必须按照页码连续写。蒲松龄下笔如有神，写完第一页，飞快一翻，连第二页也一起翻过去，直接写到第三页上了，隔了一幅，也就是所谓的"越幅"。"越幅"不仅要取消考试资格，还要张榜公布，就好像现在考试作弊被公开点名，这

蒲 松 龄

是于颜面无光的严重错误。其词《大圣乐?闱中越幅被黜，蒙毕八兄关情慰藉，感而有作》称：

> 得意疾书，回头大错，此况何如！觉千飘冷汗沾衣，一缕魂飞出舍，痛痒全无。痴坐经时总是梦，念当局从来不讳输。所堪恨者：莺花渐去，灯火仍辜。嗒然垂首归去，何以见江东父老乎？问前身何孽，人已彻骨，天尚含糊。闷里倾樽，愁中对月，击碎王家玉唾壶。无聊处，感关情良友，为我欷歔。

将其在考场发现自己"越幅"后的震惊状态及颓丧心情表露无遗。

康熙二十九年秋，蒲松龄已经51岁，到了知天命的年纪，仍然不忘进取，妻子刘氏劝他："君无须复尔，倘命应通显，今已台阁矣，山林自有乐地，何必以肉鼓吹为快哉？"蒲松龄并没有认同妻子的好言相劝，执意再次投身科场，却又一次因故未获终试而被黜。此中原因，有说是头场考完，蒲松龄应经被内定为第一名，偏偏第二场因病没能完成考试，再次名落孙山。然其真正原因，还有待进一步探究，或许从蒲松龄自己的词《醉太平·庚午秋闱，二场再黜》中可以窥见一斑：

> 风粘寒灯，谯楼短更。呻吟直到天明，伴侣强老兵。萧条无成，熬场半生。回头自笑艨腾，将孩儿倒绷。

所谓"濛腾"是说自己一时糊涂，竟将非常熟悉的内容搞错

了。这两次失败，对他及家庭打击太大了。但事实上蒲松龄自己并没有完全死心"顾儿孙入闱，褊心不能无望，往往情见乎词，而刘氏漠置之。"每见儿孙赴试，自己便心生欲念，往往情见乎词，而刘氏总漠置之。

从蒲松龄补廪生到他66岁期间，还有四次乡试：45岁时的甲子科、54岁时的癸酉科、57岁时的丙子科、66岁时的乙酉科。由此我们可以推断出，蒲松龄在成为廪生之前参加了两次乡试，补廪生之后，参加过四次，也可能是八次，多次"铩羽而归"的乡试经历，使他洞察了科举制度的种种弊端和科场的暗无天日，体验到了士子们瞬息万变、喜惧交加的精神折磨和病态心理，也郁积了满腔的愤懑之情。

科举无望，难达青云之志，而灾年频仍，缺乏充饥之粮。中年的蒲松龄身负重担，在人生道路陡坡上艰难挣扎。

3. 凄凉晚景

蒲松龄的中年科举是伴着辗转设帐于丰泉乡王家等缙绅之家来维持生计的，康熙十八年（1679）蒲松龄来到毕府（后文详述的毕际有家），直到康熙四十八年（1709）撤帐归家，他在毕家一共生活了近30年，这期间他无论在生活上还是《聊斋》的创作上都得到了这位老东家父子的热情帮助，并通过毕家结交到很过豪绅贵人，其中最为有名的就是学者王士祯。这些人的出现，同样也在科举之途上给了蒲松龄很大的鼓励与助力，但是，命运多舛的蒲松龄在这条路上并没有任何运气可言，随着岁月流逝，这种希望也变得越来越渺茫。

蒲松龄66岁之后，便"不复闱战"，也结束了漫长的坐馆生

涯，撤帐归家，他在《述刘氏行实》中称，"松龄年七十，遂归老不复他游。"其子蒲箬亦云："撤帐归来，年七十矣。"

这一年的春天，蒲松龄的二兄柏龄病故，这对蒲松龄刺激很大，他为自己长期在外不能与兄朝夕相处而感到内疚，于是，作七绝二首表示悼念：

> 兄弟年来鬓发苍，不曾三夜语连床。
> 黄桑驿里如相见，别日无多聚日长。
> 百亩广庭院不分，索居应复念离群。
> 驿中如许闲田地，烦构三楹待卯君。

年近古稀的蒲松龄在哀悼兄长的同时，也感到自己将不久于人世，加之他的儿女们已经成家立业，除次子篪外，其他三子均先后进学，各自找到了坐馆之处，不但不再牵累父母，而且对家计有所助益，蒲家摆脱了先时贫困窘境。几个儿子多次劝父亲撤馆归家颐养天年，蒲箬在他的《柳泉公行述》中回忆：

> 顾六十余岁犹往返百余里，时则冲风冒雪于夹山道中，故每当吾父回斋，不孝辈绕骑捉辔执鞭，扶曳以升，目视出村。不孝退至私室，不禁涕零自恨。

蒲松龄在毕家虽然宾主融洽，但毕竟寄人篱下，思归之情一直没有消减，正值此际，众多原因所致，他终于以年老体弱为由，谢绝了毕盛钜父子们的挽留，结束了大半生的坐馆生涯，归卧蓬窗，安度晚年。

可以说，蒲松龄一生最耀眼的成就是为后世留下了一部巨著《聊斋志异》，而对于他自己这一辈子最为艰辛的事情则是，闱场屡败，功名白头。蒲松龄一生都在不断参加乡试，却无一次考取贡生，而到71岁那年，这个终生梦想似乎得到了那么一点点的补偿——蒲松龄先被推举为乡饮宾介，后援例成为了一名岁贡生。

康熙四十九年(1710)正月，淄川县举行乡饮酒礼，71岁的蒲松龄与张笃庆、李尧臣三位老友，也是和他一样终其一生在科场上不得志的人，都被推举为乡饮宾介。所谓乡饮宾介，蒲松龄在其《代毕韦仲贺乡耆王美生序》及《代毕韦仲贺族人乡耆序》两篇贺词中交代的比较清楚：明朝以来，地方每年举行一次乡饮酒礼仪，用以表示盛世"引年尚齿而尊德"、"列举三人：宾一，取诸缙绅；介一，取诸文学；耆一，取诸韦布（指韦带布衣，即没有做官而隐居在野之人）岁一行，无敢懈。"这虽然是尚德行、敬贤老的一种虚排场，但毕竟也是对年高德劭者的一种尊崇与荣誉。蒲松龄一介落魄的穷秀才与三位郓中社友回想起当初少年得意，以为功名富贵唾手可得的情况，颇感有些哭笑不得。蒲松龄不觉吟咏道：

忆昔狂歌共夕晨，相期矫首跃龙津。谁知一事无成就，共作白头会上人！（《张历友、李希梅为乡饮宾、介，仆以老生，参与末座，归作口号》）

在蒲松龄看来，似乎这是一种相当可悲的结局，因为这种头衔，无异于宣布了他一生对科举考试追求的彻底失败。

康熙五十年（1711）初冬，蒲松龄赴青州参加例考，授例出

贡。得到了一个岁贡生的头衔。

贡生有几种，蒲松龄的岁贡，又叫"挨贡"，就是每两年从府、州、县学中选送资历较深的廪生升入国子监肄业，一个县三年可升一人。换句话说，就是做廪生满十年后排队挨号，论资排辈以后可以升为的贡生。贡生虽然没有举人的资格，但也可以授官。但是蒲松龄已经老迈衰朽，年逾古稀，他被授予的官衔叫做"候选儒学训导"。

在此我们需要先交代清楚什么事"儒学训导"，而后才知何以谓之"候选"儒学训导。儒学训导没有品级，只能算做小吏，也没什么实权。封建社会有各级官学，中央有国子监，省里有府学，最低的是县学。县学正教官叫"教谕"，需要举人出身，副教官就叫"儒学训导"，即贡生可以做的官。而蒲松龄这个"候选"的"儒学训导"，也就是说，你有儒学训导的资格，但不一定能真正做到这个位置上，因为一个县累积有很多和蒲松龄一样的岁贡生，这些人也要论资排辈等待这个位置的空缺，简言之，这一纸虚名也没有给蒲松龄带来任何物质上的福利，对年逾古稀的蒲松龄来说，是既重视又感到悲哀的，一方面贡生的确给他科举不第的悲哀一生带来了些许精神上的安慰，另一方面，对于这点微不足道的"功名"在他折磨困苦的一生中显得太过杯水车薪，得不偿失。当亲朋闻讯前来祝贺时，蒲松龄反而感到有些难为情了，他在《蒙朋赐贺》诗中写道：

落拓名场五十秋，不成一事雪盈头。
腐儒也得宾朋贺，归对妻孥梦亦羞。

并且一再表示："归来投老应栖隐，百里奔波第此程"，"余年可学长安叟，风雨暑寒不出门"。

此外，蒲松龄得到的这个"虚名"也不是没有一点现实的福利待遇的，他的工资标准变成了每月"四两贡银"。但是，事实又和理论的规定相差甚远。出贡半年多，县令没有按照规定赐给他贡生的旗匾，贡银也一直拖欠。于是，向来宣称"片纸不入公门"的蒲松龄出于无奈不得不一再上呈县官，其中一篇题为《讨出贡旗匾呈》，后收在《蒲松龄文集》中，他在文中写道：

> 虽则一经终老，固为名士之羞，而有大典加荣，乃属朝廷之厚。

第二年，淄川县令终于给他树了贡生的旗匾，但那几两贡银却始终没有拿到。不过在蒲松龄看来，这个也变得不甚重要，他对这块匾额或者说这个虚名还是积极接受的。我们在蒲松龄接到匾额后作的一首诗中可以体会到他当时的心情，《十一月二十七日，大令赠匾》：

> 白首穷经志愿乖，惭烦大令为悬牌。
> 老翁若复能昌后，应被儿孙易作柴。

可见他内心的矛盾和悲哀。自己失败了，但对儿孙仍然抱着厚望。他的长孙蒲立德考中秀才，他十分高兴，作《喜立德采芹》诗勉励他：

> 天命虽难违，人事贵自励。
> 无似乃祖空白头，一经终老良足羞！

一年后，江南画家朱湘麟来到淄川，蒲松龄的儿子请他给父亲画像。蒲松龄穿上了贡生官服，也就是现代人能够看到的蒲松龄的"官相"，殊不知蒲松龄穿着这身得之不易的官服之时，心里依然不能平静，他在画像上题词时还表示担心：穿这样的衣服，会不会被后代人"怪笑"？

蒲松龄的科举梦在此时已经可以彻底宣告破灭，但他却将希望寄托在自己的子孙和学生身上。他写过一首《示儿篪、孙立德》诗，大概是蒲立德在考中秀才以后科举考试也颇不顺利，他写诗来鼓励他，其中有云："实望继世业，骧首登云路。"的确，蒲松龄对于后辈和学生的举业都是寄予厚望的，但是最为耐人寻味的是，日后，不仅他的子孙没有飞黄腾达，而且他教的学生也同样没有官运。只看他任教半生的毕府，曾经出过尚书、刺史之类的大官，而蒲松龄在毕府30年，所教的学生居然无一人通过乡试。

探究蒲松龄这种遭遇，其中的原因不能仅仅用一句"时运不济"来简单概括。这种失败的结果是社会环境与自身存在等多重因素综合作用的结果。

首先，蒲松龄治学的文学理念与科举应试背道而驰，也就是少年进学一章中提到的，施闰章的误导。八股应试不是声情并茂的小品文，或者，我们能从《聊斋志异》中看到蒲松龄惊人的文字驾驭能力，它是完全属于文学范畴的东西，意在审美，意在醒世，意在创新。在文体文意的根本问题上都出现了方向性的偏差。

其次，蒲松龄对科举考试的态度，也成为他科举失败的重要原因。这在他相关题材的小说中也是有反映的。一是他为人正派，从不企图通过贿赂的手段去获取功名地位。他在《儿箴》一诗中就明确地写道："人以黄金致，我将白手挥。"二是，他在遭遇失败时，归结为命数，觉得是自己的命运不好。在《试后示箎、箕、筠》一诗中说："益之幕中人，心盲或目瞽；文字即擅长，半由听天数。"在《试牍》诗中也说："幕中不衡文，凭数为成败。诸儿仍偃蹇，呜呼何足怪！"。

蒲松龄19岁进学，71岁入贡，表面上看来，这暮年的贡生是对他困窘一生的官方补偿，或者说，蒲松龄在岁贡这件事上也和他一生经历的任何一次考试一样，是"白手起家""无依无靠"那可就不能尽然了。蒲松龄专赴青州且旋即入贡，跟一个重要人物有直接关系，这个人就是山东学政黄叔琳。

黄叔琳，字昆圃，顺天大兴人，康熙三十年探花，始授编修，累迁侍讲，康熙四十七年（1708）至五十一年（1712），出任山东学政。蒲松龄对这位学政大人是尊敬而信赖的，他在《上昆圃黄大宗师》一文中说：

生，身名偃蹇，镜影婆娑。唾盂敲残，骥齿已安于伏枥；吟髭拈断，葵心尚切于倾阳。每恨薛、卞之门，无由定价；尤惭子云之貌，未足惊人。斜景萧条，无求风帆之助，诸雏谫陋，喜沾化雨之荣。春鸟秋虫，时自鸣其天籁；'巴人''下里'，实不本于宗传。遥掷因而急奔，笑同钟会；迟行尚无善迹，还愧枚皋。乃以缮写付诸儿孙，实则增其悚惕；念以宽仁，逢此老诗，必且

宥其衰慵。倘有偶中之言，冀赐不屑之教。

黄叔琳是王士禛的门生，对蒲松龄早已有所耳闻，并对《聊斋志异》产生了兴趣，所以才会向蒲松龄索阅《聊斋志异》。蒲松龄正是抱着对黄叔琳的信任和好感，才主动前往青州赴试，黄叔琳当然也会尽力提携。因此，蒲松龄的顺利援例出贡就是意料中事了。此外，蒲松龄的这封书信于自己前途并没有更多提及，他更多的是期望黄叔琳能够有所垂颐于自己的几个儿子，也希望对《聊斋志异》能够有所指正。

总之，蒲松龄一生困顿于科场，暮年突然入贡，这一切都不是偶然因素可以解释的了。而援例出贡之后，蒲松龄的身体每况愈下，他73岁时在《老叹，简毕韦仲》诗中写道：

四百四十五甲子，光阴忽如风过耳。
遥忆年少见衰翁，自道此生永不尔。
谁知白发增亦增，百骸疲惰官不灵。
健忘已足征老困，病骨可以卜阴晴。
两齿浮危飘欲坠，残缺恶劳腹鸣饿。
左车苦难转右车，一脔下咽仍为个。

耳聋可勿听，眼昏可勿看，独有齿职同茹纳，不能因病停两餐。此况可与知者道，老友相怜无相笑。

次年又作《白发翁》：

奋然视息在人世，百骸疲惰官不灵。

仅目一官能尽职,翻书幸足开心情。

自身的健康状况已经日渐衰弱,而结发妻子刘氏的去世,更从精神上给了蒲松龄以致命一击。

上文已述,蒲松龄对发妻刘氏的感情甚重之极,刘氏一生受贫困之苦,如今丈夫归家,儿女婚嫁而立,阖家团圆,子孙绕膝,一家人终于摆脱了先时的危机,日子一天天好起来,但没过多久,就在康熙五十二年(1713)的中秋节以后,刘氏突然高烧卧床,医治无效,撒手人寰,享年71岁。这让蒲松龄"酸心刺骨情难忍",他把自己无限的哀思深情付诸笔墨,饱蘸泪水写下了6首七律、1首五古、1首七绝,一气呵成8首悼亡诗。

人生原只等浮云,朝露方晞日已曛。
不痊鳏鱼真似我,先驱蝼蚁最怜君!
分明荆布牵帏出,仿佛呻吟入耳闻。
五十六年琴瑟好,不图此夕顿离分!

浮世原同鬼作邻,况当岁过七余旬!
宁知杯酒倾谈夕。便是闱房决绝辰!
魂若有灵当入梦,涕如不下亦伤神。
迩来倍觉无生趣,死者方为快活人。

五十六年藜藿伴,枕衾宛在尔何之?
酸心刺骨情难忍,不忆生时忆病时。

次年暮春，蒲松龄来到刘氏墓前，痛苦难抑，作《过墓作》二首：

　　百叩不一应，泪下如流泉。
　　汝坟即我坟，胡乃先着鞭？
　　只此眼前别，沉痛摧心肝。

（其一）
　　老屋汝所处，今日空无人。
　　衾裯汝所寝，设置不复陈。
　　华服汝所惜，散弃无复存。
　　菽粟汝所蓄，抛掷等灰尘。
　　性最畏荒寂，今独眠荆榛！
　　勉哉汝勿惧，公姑为比邻。
　　匪久袱被来，及尔省晨昏。

康熙五十三年（1714）春，蒲松龄的两个孙子因患天花，相继夭折，这使他的情绪哀痛到了极点。入冬以后，更感到精神肉体俱不适："首似枕石压两耳，胫股筋牵痛彻趾"，"枕上万绪俱纷来，几度定神排不开。这一年的除夕之夜，尽管子孙绕膝，笑语满堂，但他仍高兴不起来："朝来不解缘何事，对酒无欢只欲愁。"

正月初五，是蒲松龄父亲蒲槃的忌日。蒲松龄不顾阴冷的天气，坚持亲自前往墓地祭奠，因受风寒，回来后咳嗽、气喘、胁痛，饮食大减。到了上元节，蒲松龄想起了四弟蒲鹤龄。蒲鹤龄由于性情懒惰，非常贫穷，晚景更惨。蒲松龄感到以前没有尽到

做兄长的责任，心中颇觉不安，便让儿子将弟弟请来，兄弟连床，团聚几日。正月二十二日清晨，蒲鹤龄去世。同天晚上，蒲松龄"倚窗危坐而溘然以逝"，终年76岁。

三、西宾游学

蒲箬在《祭父文》中说："（父亲蒲松龄）五十年以舌耕度日"，做了一辈子教书先生，谋馆授徒，当然不是蒲松龄的初衷，而是为生计所迫，他的科举仕途屡屡受挫，衣食无着，只能设帐求食。蒲松龄先后出入于本地乡绅沈德符、王永印家，后应孙蕙之邀，南游江苏宝应作幕府师爷，由于诸多原因仅仅一年便北上归家，继续到丰泉王观正家坐馆教书，期间受到当地豪绅高珩和唐梦赉等人的青睐，经常游历唱和，以文会友。康熙八年（1679年），蒲松龄来到西铺毕际有家开始了长达30年的西宾生活，蒲松龄与毕氏一家相处甚欢，《聊斋志异》的主体创作也是在这期间完成的，更重要的是蒲松龄借毕氏的显赫平台接触到了上层社会的很多达官贵人，对他的人生与创作都产生了较大的影响，其中最为著名的便是当时的文坛领袖王士禛。西宾游学不仅是蒲松龄人生的重要组成部分，更是《聊斋志异》创作流传的重要媒介。

1. 岁岁游学

面对着分家后"居惟农场老屋三间，旷无四壁，小树丛丛，

蓬蒿满之"的现状，尤其是弱妻幼子及窘困的家境，蒲松龄自康熙五年（1666），迫于生计而暂时放弃举业，开始了"岁岁游学"的生活。他的长子蒲箬《柳泉公行述》云：

先父天性慧，经史过目皆能了，处士公（指蒲槃）最钟爱之。十九岁弁冕童科，大为文宗师施愚山先生之称赏。然自折箸，薄产不足自给，故岁岁游学，无暇治举子业。

从顺治十五年（1658）进学以后到康熙九年（1670）南游之间的时间里，蒲松龄先去城西沈家与宁绍道参议沈润之子沈天祥（燕及）"共灯火"，后在本邑的沈德符家和王永印家设帐。

沈德符即沈凝祥，字德符，参议沈润之子，《淄川县志》卷五"例贡"有小传：

……兄天祥早逝，抚其遗孤，备极周挚。年登大耋，嗜学不倦，居乡每多厚德。康熙丙子乡饮，推大宾焉。

关于蒲松龄在沈家坐馆一说，争议颇多，据袁世硕先生所考，这一说法的证据是蒲松龄在《与沈德符》一札中透露出的信息：

哀瘵懒于出门，因而良朋疏阔，遂使飞语得以遥中，可笑人也。

三月中，希梅偶临寒舍，道及尊宅争产，言令侄将

蒲 松 龄

设席地，请诸亲友为之评其可否，致意先自弟始。余止之曰："是何必尔！若令婿受他人之欺凌，仆当锐然身任，为亡友扶其弱孤；今矛盾在彼家庭，外人何能赞一词？不知亲友何如，仆则不敢从命。"既乃出其上兄台书，见其圈赞已浓，问谁之评？希梅笑云："我自为之。"弟浏览一过，劝之曰："君当酌其行止，字一投，则成仇人矣。"彼亦无言，匆匆而去。

近闻兄迁怒于弟，逢人辱骂。初而大惊，已而大笑：惊者，惊弟之无妄；笑者，笑兄之妄也。凡交绝者不出恶声，而好吠者则不论响否。以三十年之交游，听流言而一旦全空，则为君友者惧矣。昔与大兄共灯火时，昆仲有争辩庄宅之词，弟曾为调停于两间，大兄向弟言之甚悉，故弟知之颇详。然大兄溘逝，叔侄遂如父子，弟外人也，闻君家事，并不敢发一言为左右袒。且兄犹时念故交，若令侄则并不知有父执，交往之路久绝。希梅，其岳也，宜也；仆何人斯，亦庆此灾而乐彼祸耶？弟如于希梅稿曾动一笔，便灭门绝户，了一家儿；下文更不敢作一转语，惟兄自思之。日托肺腑，无少瑕疵，乃王妈妈鬼语一投，而张爷爷之尊脸顿放，是何景象乎？呵呵！长短只在梧桐，自有旁人之月旦；生杀皆其骨肉，宁类大圣之骚根？昔陈登云："惟德可以服人，不闻以骂。"且古人言："骂所当骂，则被骂者受之；骂所不当骂，则骂人者自受之。"可畏也哉！笑笑。如以弟言为证，不妨焚诸神庙，暴之同人，区区之心可质之也。

其中"昔与大兄共灯火时"数句,就是说,蒲松龄曾在沈家做过西宾。

沈凝祥的父亲沈润,《淄川县志》"进士"、"续孝友"条目下均有传:

> 沈润,字静澜,崇祯癸未进士,授潞安府推官,历升宁绍道参议。值岁饥,捐赈,全活累万,刊有《越州赈史》行世。里居厚德载物,与人无竞。……至于推己产与诸弟。方仲弟澄抱病,焚香默祷,割肱以进。澄殁无嗣,以次子凝祥为之后。……

这段文字虽意在交代沈润事迹,但无意间却使我们发现了前文提到的关于蒲松龄到沈家,是为了调节沈氏兄弟关于财产的纠纷。沈凝祥与兄、侄争产,恐怕是由于父亲的让产和他本人的出嗣导致的。沈凝祥是沈润的次子,由此可知,蒲松龄在信札中提到的"共灯火"的大兄便是沈凝祥的哥哥沈天祥,也称沈燕。蒲松龄诗文对他多有提及。如《同沈燕及饮园中》《同沈燕及题〈思妇图〉》《遥听沈燕及夫人摘阮,戏贻四绝》《偶与燕及夜话》《六月初三日闻沈燕及讣音》,还有一些散文类的如《为沈燕及募修洞子沟疏》《为沈燕及邀客小启》《为沈燕及请岳祖同订吉期小启》《为沈燕及复孙公焕启》等篇。这些都表明蒲松龄与沈燕曾有较多的交往。此外,还有代沈凝祥写的四篇书启:《代沈德符与王子下(檠)通政》《六月为沈德符与王圣俞启》《为沈德符与韩丽老启》《八月二十六日为沈德符订吉小启》。这几篇几乎全是应酬文字,内容多为订婚、请客之类私事。不过

蒲松龄

也可以确凿地做出结论，蒲松龄确实在沈家停留过。只是，蒲松龄进入沈家与沈天祥"共灯火"的具体时间却不甚明了了。我们仅能从他为沈氏兄弟代写的一些应酬文字中可以做个大致的推断。

蒲松龄文集中，有《代沈德符与王子下（樛）通政》一札。原文是：

>羁旅京华，深荷照拂，云天之谊，真无刻可以忘之。闻老年伯母奄然仙逝，中心忉怛。而里道修阻，不得临柩一痛，抱恨如何也！遥致瓣香，用代絮酒。附寄土物一种，少托远音。心随雁往，不尽欲言。

王樛即是蒲松龄后来坐馆的丰泉王家中人。据高珩《通政使司右通政子下王公墓志铭》，王樛生母刘氏，顺治十七年（1660）卒于北京，这封信显然是蒲松龄代沈德符对王樛丧母表示哀悼的，也可以断定这封书信是作于顺治十七年王樛扶柩归里之前的。而《与沈德符》札作于康熙三十年（1691），其中"三十年之交游"一语，可知蒲松龄代沈凝祥作此与王樛札之时，正好是他们交往伊始之际。于是我们可以依此断定，蒲松龄到沈家"共灯火"的时间也就在顺治十七年前后。

进而探究蒲松龄到沈家"共灯火"原因，大致也可以从他的笔墨之间窥见端倪。

>淑气撩人，青草衬雕栏之色；晴光扑面，黄莺传秀陌之春。……只逢人世两难，已堪倒罨；况有歌儿数辈，

雅善过云。不追春夜之游，难免花神之笑。恭维八日，具集同人，彩雉牙筹，定教呼残夜月；紫楼玉凤，当令叫破春愁。愿君跨寒而来，遣僮扫榻以待。《代沈天祥邀客函》

沈天祥生于官宦之家，生活舒适，富贵闲散。他虽然年逾而立，却也颇好风雅，不甘寂寞，要结交些名士，大约还有些科举进取之想。邀蒲松龄来家，恐怕就是要从这位贫寒而有文才的年轻秀才那里得到些指点，于科业上有所长进。因此，在蒲松龄看来，沈家的这段生活不能算作是坐馆为师，只能说是"共灯火"了。

※※※

蒲松龄除了在本县的沈德符家设帐"共灯火"，也在王永印家坐过馆。

王永印，字八垓，父王所须。《淄川县志》对其的记载仅"贡生"条目下寥寥数语，反倒是蒲松龄所作《为八垓王公八十大寿序》中可见其生平摘要：

王公八垓，夙世仙人，志趋濠上。昔与余垂髫相戏，每见其肝胆廓落，辄已倾倒。虽生于华胄，而文章辞赋，英迈不群，即乘长风破沧浪，固其所优；而天固抑之，俾以明经老，未得以行其胸怀，仅以风鬟雾鬓，动道旁骇叹，而仙人所未足之生平，岂一金莲花盆所能酬哉！迨夫遭家多难，备尝险阻，志千里者，想应玉壶缺矣，而不知苍苍者，抑汝耳？玉汝耳？自是而后，家虽落，固

不贫,田数顷可耕,楼阁数架可栖,子孙可指使,岁十余酿可供酣饮。古人四不出能遵行之,陶然南窗下,时展一卷,羲皇上人何以加此!且夫心之逸者其神完,观之达者其形固,公自飓风骇浪中来,其视世之调调刁刁者,如秋蝇之过耳,无所动吾心者,故以亦无所动吾气,以享修龄,所谓人事,非天命也。今年跻八,而精神健壮,由是而往,百龄之锡,未足言也。

此段摘要文字隐晦的地方颇多,我们不妨作以简单的阐释:

蒲松龄称与王永印"垂髫相戏",可见,他们是旧时相识,并且他很佩服其性情爽直豁达。康熙十七年(1678),蒲松龄已年近不惑,有《王八垓过访》一诗:

玉案无缘寄所思,一朝握手喜翻悲……别来岁月知多少?话到生平事每遗。

从中可见,他们早年曾经有一段时间过从较密,后来因故便多年不大见面了。据袁世硕先生推断:二人过从较密的时间当在顺治末、康熙初,再晚便不能说"垂髫相戏"了。然后我们再来关注王永印的家世背景:

王永印家世虽不很显贵,却也在明清两代科甲相继,几代官宦。伯祖王教,载于《淄川县志》"明臣"条目之下,明隆庆间进士,官至吏部郎中,以得罪巨珰,受诬罢归,殁后十七年赠太常卿。祖父王敬,载于《淄川县志》"封赠"条目之下,未入仕,以子赠文林郎、南皮知县。父亲王所须,载于《淄川县志》"举人"条目之下,明万历三十一年(1603)举人,考授南皮知县,升应州知州,卒于任上。王永印兄弟五人,三人是进士出身:王

鼎荫，字六符，顺治三年进士，授北直东安知县，调溧水，补桐柏，再补宜阳。《淄川县志》"选举志"称："前令悬报荒垦二千余顷，邑民苦，累逃亡。公誓死特疏具奏，得豁地减粮。会有中伤者，降职谢政。宜人建名宦祠，立碑颂德焉。"王昌荫，字七襄，明崇祯十年进士，授固始知县。满清易朝后，任户部主事，后做福建道御史，巡按山西，提督北直学政。王新荫，是王家的一位"行伍"之人，顺治六年武科进士，后任怀来卫守备。总之，王氏一门清初一度称盛，却只有王永印及其小弟王笃荫（字十洲），举业艰难，仅以贡生终老。

明清易朝之际，王氏曾经的繁华气象也日渐衰退。首先，王永印的父亲王所须死于晋北应州任所，他在社会大动乱的状况中处理亡父丧事，感到"备尝险阻"。其次，王家在这场动乱中也受到了兵乱之害。先有明崇祯十七年（1644），清兵攻掠山东，后有清顺治四年（1647），高苑民谢迁起义，攻占淄川县城达两个多月，抢掠豪门富家，其兄王昌荫之宅第确曾被谢迁的队伍占据。《聊斋志异》之《鬼哭》篇记云：

> 谢迁之变，宦第皆为贼窟。王学使七襄之宅，聚盗尤众。城破兵入，扫荡群丑，尸填墀，血至充门而流。公入城，扛尸涤血而居，往往白昼见鬼，夜则床下燐飞，墙角鬼哭。

在这样残酷的动乱中，王永印逃窜在外。也可以算是"备尝险阻"。此外，王永印的两位兄长先后都因得罪当朝而被罢官，这是对这个风光一时的大家族非常致命的打击。顺治十八年（1661）

蒲 松 龄

王鼎荫在宜阳任上，因地亩问题为人中伤，"降职谢政"。而王昌荫的去处在研究史上则可以称得上是一段公案了。《清实录世祖章皇帝实录》中载王昌荫是顺治四年由福建道监察御史调顺天学政，顺治六年四月便继差云南道监察御史朱鼎延为顺天学政，关于王昌荫的去向，《清实录》却只字未载。也就是说，王昌荫在顺天学政任上的时间非常短暂，便没有由来的隐退还乡了。《畿辅通志》和《顺天府志》中亦没有提及此中的缘由，可能因为过失或者犯罪，总之，王昌荫不是迁调而是被罢了官。我们无法从现有的资料中推敲出此中详细的脉络因果，但十分耐人寻味的是，蒲松龄自己却给我们提供了一点线索：《聊斋志异》中《鬼哭》篇的核心故事就是王昌荫仗官势恫吓鬼，被众鬼嗤之以鼻，文章之末，异史氏曰：

> 有趣的是邪怪之物，惟道可以已之。当陷城之时，王公势正烜赫，闻声者皆股栗，而鬼且揶揄之。想鬼逆知其不令终耶？旧谓尽天年、得善终为"令终"。

这篇故事对王昌荫充满讥刺之意，说他"不令终"，也就是未得善终，即俗话所说的"未得好死"王昌荫与同县王樛、高珩同辈，曾同为京官，但在王、高二人的诗集中，却也找不到与王昌荫交往、唱酬的蛛丝马迹，可能有意回避，也可能志不同道也不合，不屑与之交往。或许我们可以大胆猜测，王昌荫有可能是在顺天学政任上因获罪而致死，官方对于此事则是闪烁之词较多。总之，多重原因所致，王永印一家此后失去了盛极一时的家门盛况，声势大不如前，但现实经济上，却也并没有完全破产，陷入

贫困。

蒲松龄此时也有可能因家境贫寒而应邀到家道殷实的王永印家坐馆，在蒲松龄诗集中，又有《妾薄命，赋赠王八垓》《为王八垓赠与申兰》《八垓烹羊见招，阻雪不果，戏作烹羊歌》《王八垓烹羊见招，忽雪，因忆去年阻约，作烹羊歌》《寄王八垓》等诗。这些诗作其实并非是蒲松龄此时的同期作品，《烹羊歌》已经是蒲松龄转帐到毕际有府上以后的作品：

　　生平百事能知足，中岁多病思粱肉。
　　高斋偶然列肴珍，三十五指攒纷纶。
　　匕箸摩戛刺双眼，顾盼遂如风卷云。

这很自然地使我们联想到作者的一篇四六文——《绰然堂会食赋》，写他在毕家坐馆时"有两师六弟，共一几餐"，而上诗"三十五指攒纷纶"，人数仅少一个，但情状相合，特别是赋中"箸森森以刺目"，诗中亦云"匕箸摩戛刺双眼"，两句基本相同。据此可以断定，王永印烹羊相邀，蒲松龄作《烹羊歌》，是蒲松龄在毕家坐馆的时候。

《寄王八垓》则是两人古稀之年以后的交往之词：

　　香山酒客延高龄，七十颜色如儿婴。
　　昔日倔强犹不减，对客豪饮能千觥。
　　我性疏狂君磊落，相逢不觉肝胆倾。
　　十日不一见颜色，坐看梁月心怦怦。

蒲松龄与王永印关系很友好，对王永印之内帏也了解颇多。康熙十八年（1679）左右曾作《妾薄命，赋赠王八垓》借王永印的小妾之口，述说她进入王家20年来，为王永印正妻所嫉，所生子女皆夭亡，非常不幸。此外。蒲松龄还帮助身为里正的王永印干些编户口花名册、地亩册之类的事情。

蒲松龄早年同王永印有过较多的交往，后来中断了许多年之久，到康熙十七年（1678）之后，两人又时而往来了，并且感情还很投合。此前他们交往中断的原因，可能是由于居住地相距较远，而此后又恢复往来，也可能是由于居住相近，来往比较方便。前引《寄王八垓》诗中"十日不一见颜色，坐看梁月心怦怦"两句，固然是表相思之情，但也不会是纯属虚比浮词。由此推测，王永印家大概是在距蒲松龄后来坐馆的西铺，仅二里之遥的王村镇。

2. 南游作幕

康熙九年秋仲（1670），已过而立之年的蒲松龄，已然科考失意，随着女儿及次子的降生，家庭负担越来越重，加之灾年粮食歉收，为了全家五口人的生计，也为了开阔眼界，应同邑进士、江苏宝应县令孙蕙，南下宝应县署作幕宾，帮办文牍。他骑马南行，从益都县颜神镇（今博山区）西南青石关入莱芜县境，经沂州进苏北，渡黄河（清初由苏北入海），最后到达宝应。遇到大雨而住在驿馆中，此间有一个名叫刘子敬的人，听闻蒲松龄"雅爱搜神"的兴趣，便取出王子章所作的《桑生传》给他看，并为他讲述了桑生与鬼狐的凄美爱情故事，后来蒲松龄复又蘸笔润色，改编成一个更为完美的故事，就是收入到自己的著作《聊斋志异》

中的名篇《莲香》。

这是他一生唯一的远游，先后仅仅一年时间，却对他的思想创作有着非凡的影响，在此期间蒲松龄留下了大量的诗文作品，后人从中了解其生存状况、心路思想的同时，亦可窥见这位小说小品文大师别样的诗词世界。

孙蕙，字树百，山东淄川人，顺治十八年（1661）进士，例选刑部司务厅。康熙八年至十四年（1669—1675）改授宝应知县。宝应是苏北古邑，隶属于扬州府，由于地处淮河下游并临大运河，是水路交通枢纽，因而迎送官员驿站供应繁重；且遇连年水灾，土地村舍俱淹，百姓号寒啼饥，流离失所。孙蕙自康熙八年任此灾邑，处境困难，急需几位故知亲信相助，而蒲松龄家境贫寒，困于科场，又素性耿介，自然是不二人选。或有人认为蒲松龄接受孙的邀请是出于谋生之需，而究其原因，谋生只是蒲松龄决定南游的一部分因素，更多的动力还是对这位前辈的敬重之情。这一点，从他自己的诗作中可以明确体现出来，《树百问："余可仿古时何人"作此答之》：

重门洞豁见中藏，意气轩轩更发扬。
他日勋名上麟阁，风规雅似郭汾阳。

蒲松龄起初来到宝应的心情是非常舒畅的，或许是因为这是自己的第一次远游，途中苏北的旖旎风光让这位骨子里原本充满诗人情怀的文人，暂时摆脱了科举不第的烦恼，加之，邀请他去宝应的友人孙蕙与蒲松龄早期相交甚欢。此时的蒲松龄无论诗作还是俚曲杂文，字字透着新鲜的生气，如他初到淮南而作《途

中》：

> 青草白沙最可怜，始知南北各风烟。
> 途中寂寞姑言鬼，身上招摇意欲仙。
> 马踏残云争晚渡，鸟衔落日下晴川。
> 一声欸乃江村暮，秋色平湖绿接天。

孙蕙始任宝应知县，也正值风华正茂，抱负满腔，宝应地处苏北淮河下游，濒临运河，水患不断，孙蕙在任期间，果真励精图治，整治河道，奋力救灾，革除苛捐杂税，忧国忧民而政绩突出，蒲松龄的正直与家天下的文人理想在这位友人的身上体现得淋漓尽致，他对孙蕙更是充满了敬仰与尊敬，在《闻孙树百以河工忤大僚》七律诗中，盛赞孙蕙不畏强权，护民为民的高尚举动，诗云：

> 故人憔悴折腰苦，世路风波强项难。
> 吾辈只应焚笔砚，莫将此骨葬江干！

孙蕙做宝应知县，称得上是体恤百姓疾苦的循良吏，敢于为民抗上的强项令。康熙十年（1671）春天，孙蕙得到晋升，代署高邮州，他上任之时也将蒲松龄力邀到任。高邮地处水路枢纽之地，过往的官员客商络绎不绝。蒲松龄在此地见到许多违背自己仕途理想的反面案例——贪官暴吏。这些人假托公务，敲诈勒索，对百姓扬鞭唾面，呵斥行凶。他的一首《挽船行》便将这类事情高度艺术化，形象生动，发人深省。读之照杜工部"朱门酒肉臭，

路有冻死骨"都不显逊色：

> 萧鼓楼船帆十幅，百夫牵挽过茅屋。
> 屋中男妇饥不餐，船上猎鹰饱食肉。
> 屋中男妇少完衣，船中健儿贱绮縠。
> 但闻船上箫鼓声，莫听屋中男妇哭。

这些活生生的贪官暴吏对刚刚踏入社会的蒲松龄来讲，心理的刺激无疑是非常大的。年轻的不第书生，满腹都是治世救人的文人理想，而今遇到这些惨不忍睹的现实，理想在渐渐龟裂，蒲松龄后来将这种难言的失望之情，和高邮所见的"真实民风"都写进了《聊斋志异》之中，可以说，没有这段亲身的痛心见闻，就不会有《聊斋》中字字珠玑的刺贪刺虐的精彩文字。

而对高邮的新任父母官孙蕙，蒲松龄则是将其引为知己的。孙蕙对他赏识有嘉，诸事都愿意与他商量，蒲松龄更是真心实意地为这位好朋友竭诚襄助，不仅不厌其烦的代其草拟公私书启、文告，闲暇时二人志同道合，还泛舟游历，唱和往来，无拘无束。这段感情在蒲松龄陪同孙蕙去扬州拜谒途中的诗作中，明显地体现出来：《元宵后与树百赴扬州》二首：

> 沽三白酒供清饮，携芥山茶佐胜游。
> 分赋梅花漾轻桨，片帆风雪到扬州。
> 我到红桥日已曛，回舟画桨泊如云。
> 饱帆夜下扬州路，昧爽归来寿细君。

蒲松龄

随着蒲松龄在孙蕙身边的时间越长,了解越深,初到宝应的新鲜和对孙蕙的宾主相得之情就愈发复杂起来。可以说,蒲松龄起初的兴致勃勃在官场的龌龊和为政的艰难上屡遭挫败,再有除了孙蕙交给他的少数公文,他的大多数文字基本都用在应酬之上,或做寿贺之辞,或为谀墓之文,皆是"无端代人歌哭"之作,从而,在这个浓缩的官场一角,也让这位耿直的文人看到了所谓官员们的糜烂与奢华,即便是如孙蕙这等较为关心人民疾苦的人,也不免在声色之上多有诟病。

孙蕙喜好声色之乐,每有节庆必明烛高烧,曼舞低唱,尤其在其40寿辰之时,淮扬水荒,百姓田舍尚淹没在洪水之中,这位父母官依然从繁忙的"前线"撤回,高朋满座,大摆寿宴,庆生享乐。后世野史传得沸沸扬扬的关于蒲松龄"魂牵梦绕"的江南艳伎顾青霞,正是这位孙大人重金聘来的一房妾室。蒲松龄当时投其所好,也出席这类场合,并做了许多应景的艳情诗,如《树百宴,歌伎善琵琶,戏赠》,《聊斋偶存草》题做《赠妓》:

丽人声价重红楼,日日弦歌近武侯。
莫把金槽弹月夜,恐将春恨恼江州。

另一首:

华筵把酒醉吴姬,一曲扬州低翠眉。
堂上主人多妒忌,暗中为语杜分司。

再如《戏酬孙树百》：

芳草青青院柳长，一庭春色近东墙。
狡鬟不解东风恨，笑折花枝戏玉郎。

这些诗作明显带着对宴席主人的凑趣之意，但从另一方面，我们依然又可以看到些蛛丝马迹，留痕在《聊斋志异》中神情毕现的狐鬼爱情故事中。但出于蒲松龄耿介的性格，这段时间的如此生活，他的内心深处是不能平静的，这种抑郁和惆怅之情在他的《感愤》诗中表达的颇为痛切：

漫向风尘试壮游，天涯浪迹一孤舟。
新闻总入狐鬼史，斗酒难消磊块愁。
尚有孙阳怜瘦骨，欲从元石葬荒丘。
北邙芳草年年绿，碧血青磷恨不休。

蒲松龄此时的家境仍然困窘不堪，加上母亲董氏离世，兄弟几人面面相觑，没有银钱发丧，最终是得到蒲松龄的好友王观正慷慨资助，才勉强渡过难关，蒲松龄却迟迟没有能力偿还朋友的借款，此是后话了。这种本就寄人篱下的心情，加之离家后看到的满目失望的官场是非，耿直的蒲松龄难以屈节俯就，觉得自己的理想豪气常常与世道相悖，而康熙十一年（1672）的乡试又已经迫近，他便决心辞掉幕府之职，原路返回老家淄川，结束了短暂的南游，重整旗鼓，又一次加入了科举考试的残酷战争中。

蒲 松 龄

　　蒲松龄在宝应、高邮期间为孙蕙拟书启、文告等百篇，现存二册文稿，起于康熙九年（1670）十月初二的《贺布政司募》，止于次年五月十二日《上周钞关》，共80篇，总题《鹤轩笔札》（鹤轩是孙蕙在宝应县官署的斋名），另有十篇佚文，收在《聊斋文集》之中。这些实用类的应酬文字，在蒲松龄手中或曲或直，刚柔并济，雅洁得体，从而也让后人见识到了这位"才非比干"却满腹诗书的聊斋先生，难于施展的治世才华。

　　蒲松龄离开高邮，回到淄川，也辞去了幕府职位，但并不意味着他与孙蕙的关系就此中断，二人常有书信往来，不同的是，起初南游宝应时结下的情谊，在世事的改变中也渐渐瓦解了。

　　孙蕙出任宝应知县，多廉政爱民之声，但随着官越做越大，人也日益浮华、腐化。尤其是做了京官之后，更在家乡大兴土木，修筑园亭。孙氏族人亲戚甚至仆人也仗势凌人，横行乡里，渐渐成了淄川一害。蒲松龄秉性耿直，对孙蕙及其族人家奴仗势欺人的事情屡有所目，且不满甚重，康熙二十三年（1684），他借孙蕙父亲病故，丁忧于家之际写了一封长达千言的规谏信——《上孙给谏书》，自称"草野之人"，完全义正词严，挚友之情已然消失于字里行间了。其中最为陈谏有力的一段是蒲松龄以乡绅之名提出的多种规劝：

　　　　为乡绅者，居官而有赫赫名，甚可喜；居乡而有赫赫名，甚可惧；……一曰"择事而行"，二曰"择人而友"，三曰"择言而听"，四曰"择仆而役"，五曰"收敛族人。

"择事而行"、"择人而友"、"择言而听"、"择仆而役"、"收敛族人",这五条批评建议,每一条目之下,蒲松龄都做出详细的举例论证,虽然没有指名道姓的揭发,但当事人一眼便看出文章所指,蒲松龄虽以"无愧于良朋"的初衷向孙蕙提出意见,但在此时位高权重的孙蕙看来,此种行文便是不顾旧交,不顾情面,孙蕙在接到这封信后,为了顾全名声,的确曾经训诫族人、奴仆,使他们有所收敛,但对于当面直言,不假客情的蒲松龄则没有一丝谅解。

蒲松龄没有接到孙蕙的回信,两年以后,孙蕙病死于家中,蒲松龄也没有前往吊唁,更没有写过一首挽诗。比较同在宝应做幕府的同僚刘孔集以及孙蕙小妾,即前文提到的歌伎顾青霞,他们过世之时,蒲松龄都有诗作吊唁,即《伤刘孔集》、《伤顾青霞》,而对于在宝应期间自己人生最为重要的人物孙蕙却只字未留,不免确凿了二人关系的破裂,也为野史轶闻编撰蒲松龄与顾青霞的爱情故事提供了诸多假设和可能。

3. 缙绅门下

蒲松龄南游归来,志得意满的参加了康熙十一年(1672)秋天的乡试,又一次落地。又正值康熙十二年(1673)春淄川久旱无雨,秋收无望,这也就意味着原本就存粮甚少的蒲松龄一家将面临断粮挨饿的悲惨状况。于是,迫于无奈的蒲松龄又一次出游,到本县丰泉乡王观正家坐馆一年。

丰泉王家在蒲松龄的一生交游中可以说起到了一种承上启下的作用。王观正诗集中有《贺内兄孙树百荣擢》诗,可知上文提到的宝应知县孙蕙是王观正的妻兄。或许可以推知,在蒲松龄南

游罢幕归来，与孙蕙关系尚未决裂之时，任教于丰泉王氏一事，极有可能是孙蕙作为媒介促成的，孙蕙此时对他的情谊还是很重的，仍然如上文所述，蒲松龄康熙十一年（1672）的乡试之所以志得意满，是因为拿到了孙蕙的推荐信，后来乡试失败，他们之间依然有书信往来，孙蕙对蒲松龄的态度是勉励的，又得知故友在灾年中为口腹所累，便推荐他到自己的亲戚家谋生坐馆。纵向观之，丰泉王氏与淄川西铺毕氏也是至亲，《王氏一家言》中有王砖（疑为"礴"字）诗集，其中《和载积舅携友登青云寺月峰》诗。"载积"是毕际有的字，毕家也就是蒲松龄坐馆30年，留下大量诗作，也是对《聊斋》创作影响非常大的地方。蒲松龄所居的淄川蒲家庄与毕际有所居的西铺在清代虽同属淄川县，但相距较远，蒲松龄能够被毕家所知，与他在毕氏亲戚丰泉王家教书不无关系。

丰泉王家，官宦大族。王观正的二伯祖王鳌永，明末官至工部侍郎，满清入关以后，以原官招抚河南、山东，在青州被起义军赵应元部俘而杀之。王鳌永死后，其子王樛，字子下，《淄川县志》载："顺治乙酉荫銮仪卫指挥佥事，世袭，改入镶蓝旗，拜他喇布勒哈番，授通议大夫，钦取入内院办事，加太常寺少卿，兼中书舍人，秘书院侍读，通政使司右通政。"王樛中年卒于任上，一生无子，王观正的长兄王敷正袭为荫銮仪卫指挥佥事，当时正于北京任上。

王观正，字觐光，号如水。《淄川县志》载："增生。行九。公天怀淡远，才华俊逸。潜修一室，萧然如寒士。著有《问心集》四卷，《退省斋》诗词各一卷藏于家。"王观正是王敷正的四弟，已经及冠进学，也是乡试未中，他比蒲松龄小九岁，生于顺治六

年己丑(1649)，卒于康熙四十一年壬午(1702)，享年54岁。王如水是蒲松龄在王氏兄弟中交谊最厚的一个，两人经常一起谈论诗文、切磋时艺，他在自己的诗作《忆蒲留仙》中道："荒唐说鬼怀前度，慷慨谈诗记旧游。"可见，王如水也看过蒲松龄正在创作中的《聊斋志异》。蒲松龄也将王如水引为知己，如前文所引，他在乡试失败的第一时间就将自己的愤懑之情倾诉于王，作《大江东去·寄王如水》一首。康熙十三年（1674），王观正去北京看望兄长王敷正，蒲松龄又有《怀王如水二十韵》：

南山有白云，鳞鳞飘轻素。徘徊恋其乡，旋为飘风妒。交以声气薄，情缘道义固。平生漆园骨，肮脏撄世怒。既无陵阳心，又惭孙阳顾。因之芳年华，多为狂拙误。忽蒙达者怜，倾盖乃如故。酬酢晨夕欢，肝胆豁情愫。胡乃远行游，裘马随烟雾。佳人儋望归，孤怀当谁诉。辗寐起回翔，夜庭潆回互。星汉湛虚明，径草团芳露。孤鸟悲凛秋，鸣我阶上树。明月满霜台，感此生永慕。但存孤矢心，谁能麋鹿聚。所叹俯仰间，同心如孤鹜。侧身望燕关，涕泪零如注。

及至王如水突然归来，蒲松龄喜出望外：

故人千里去，别绪正彷徨。
秋色梧桐雨，晚烟薜荔墙。
旧游疑隔世，乍见似他乡。
何意丹霞落，揽衣喜欲狂！

蒲松龄

(《如水赴都二十余日,不能便归,中秋前五日兀坐斋头,而如水忽至,喜出望外,情见乎辞》)

可见他们之间情投意合,知己深交。此外在蒲松龄的诗集中还收有《王如水〈问心集〉序》《〈问心集〉跋》。王如水现存蒲松龄与王氏兄弟有关的诗词近30首,其中有16首直接与王如水有关联。

在王氏显赫的家庭中,王如水因为庶出或是母亲的低下地位而受到兄弟们的排挤和歧视,随着蒲松龄与他的日益交好,这种不易察觉的隐情也渐渐地在两人之间传递着,使蒲松龄对这位官宦士子非常同情。后来王如水去世,蒲松龄哭作《梦王如水》,满篇悲痛:

世人皆有营,君独甘淡薄;兄弟皆华月无,君独厌藜藿。每一登君堂,俨然若丘壑。不愁囊中空,止觉杯中乐。百年道义深,胸次何寥廓!倘来等浮云,黄金置一哂。岂耐市尘嚣?宁作诗客窖。鉴彼黑心符,制情亦刚狠。凄风飘空闺,全以猛力忍。暮年酒尊空,伤哉意兴损!再病益沉痼,僵眠如枯菌。夙疾固未瘥,相对犹盘桓。我客尝不归,半载违君颜。登门拟宴会,到舍已河山!哀情从中来,俛仰摧肺肝!何以当握手?只鸡与斗酒。何以致生平?双涕下沾缨。恨不及一言,忽来入我梦。握手为凄酸,既醒有余痛。

蒲松龄之所以会如此悲痛，也源于王如水将自己如手足般相待。康熙十九年（1680）四月，蒲松龄的母亲病逝，此时正值灾年，蒲松龄兄弟都在贫困中挣扎，无资营葬亡母。家资微薄的王观正却雪中送炭，使走投无路的蒲松龄暂时脱离窘境。但蒲松龄一直无力还债，听闻同样饥寒不足的王观正因无法筹办女儿的嫁妆，受到家人的埋怨，蒲松龄曾作诗致歉：

薄有所蓄，将以偿所负，又为口腹耗去，深愧故人也。

当年王观正借钱给他等于分出了赖以活命的口粮，现在王家有难，自己却无力还债，自己惭愧而不安，与家人追述往事，"妻子俱沾裳"。

蒲松龄在丰泉乡王家坐馆，与王敷政的几个弟弟一正（字长人）、居正（字迺甫）、观正及其堂弟王体正都相处极为融洽，时有诗歌唱和。但在这个家族中，蒲松龄与这个家族最受冷落的子弟王观正过于亲密，甚是不合时宜，诸多原因所致，他在王家仅仅停留了一年的时间，当年岁暮，便辞馆离去了。

***

离开丰泉王家以后，在蒲松龄的生命中又出现了两个重要的人物，这两个人都是淄川当地的大乡绅，他们对蒲松龄的生活和创作都有很大的影响。

高珩，字葱佩，号念东，晚号紫霞道人。生于明万历四十年（1612），卒于清康熙三十六年（1697），享年86岁。明崇祯十六年（1643）进士，授翰林院庶吉士。顺治朝授秘书院检讨，升国子监祭酒，后晋吏部左侍郎、刑部左侍郎。高珩工于诗作，尤喜元白诗风，生平所著，不下万篇。他不仅嗜书、喜游，还对通俗戏曲尤为感兴趣，写过《醒世戏曲》。又有《栖霎阁诗》16卷，拾

遗3卷，今皆收于《四库全书总目》中。

蒲松龄是高珩弟弟的妻兄，所以高称蒲为亲家。曾经为蒲松龄的乡试向淄川县令马德真特别授意。蒲松龄虽然名落孙山，但是对于高珩的用心良苦仍然感激在心，他在《用高少宰题》诗中同时也对高珩授意的知县马真德表示了感谢：

风流令尹鹤琴过，座上忽闻白雪歌。
桃李满城春色遍，楼台傍水月明多。

其二云：

把酒征歌晚更宜，烧残红烛漏迟迟。
东篱摘菊才盈把，正是篮舆引醉时。

康熙十年（1671），高珩由都察院左副都御史改任刑部右侍郎，十一月升任刑部左侍郎。蒲松龄专门寄信表示祝贺，还赠送了两样礼品。这封信收录在《聊斋文集》中，题目是《与高司寇念东先生》，书信说：

忽闻晋秩秋卿，金瓯之覆，行不远矣，为之鼓舞！遂因便羽，寄土物二种，愧不成贺，聊将函信耳。

高珩与蒲松龄的交往还不止于此。他对《聊斋志异》的成书帮助也很大，最主要的一件是康熙十八年（1679），《聊斋志异》初步成书的时候，高珩给书写了一个序。序中说，当时的社会

"江河日下，人鬼颇同"，认同蒲松龄运用鬼魂的形式来写社会。"吾愿读书之士，揽此奇文，须深慧业，眼光如电，墙壁皆通，能知作者之意。"高珩还将《聊斋志异》的初稿带入宫内广为传阅，对《聊斋志异》的流传起到了重要作用。蒲松龄的俚曲《琴瑟乐》，高珩也为它写过跋。

另一位对蒲松龄影响颇深的乡绅是唐梦赉。

唐梦赉，字济武，号豹岩，又号岚亭。清顺治六年（1649）进士，授翰林院检讨。因上疏谏阻将《玉匣记》等卜筮之书译为满文，受到朝中党派倾轧，又因疏斥谏言官张煊、阴润之失，终于得罪罢归。《聊斋志异·泥鬼》篇末，异史氏曰："上书北阙，拂袖南山。"就是指这件事。唐梦赉归田以后，寄情山水，栖心禅悦，常与高珩等人诗酒唱和，他蒲松龄的才华也极其欣赏，后数年也曾为《聊斋志异》作序，称赞蒲松龄：

> 幼而颖异，长而特达，下笔风起云涌，能为载记之言。于制举之暇，凡所见闻，辄为笔记，大要多鬼狐怪异之事。向得其一卷，辄为同人取去；今再得其一卷阅之，凡为余所习知者十之三四，最足以破小儒拘墟之见，而与夏虫语冰也。

可以说，高珩和唐梦赉都是蒲松龄的知音，也是最早赞赏《聊斋志异》的人。这些材料可以说明蒲松龄的艺术才华和《聊斋志异》的价值在那时，已被本邑名流所关注。与此同时，南游归来的蒲松龄在此间与这几位名流的交往多在游山玩水，唱和往来之上。《聊斋诗集》中也保存了许多游历途中的诗作。

蒲松龄

康熙十一年（1672），归家修养的高珩与唐梦赍约集当地的几位乡绅名流一起游崂山，他们也同时邀请了《聊斋志异》的作者蒲松龄。初夏之际，一行八人在崂山之上幸运地看到了海市蜃楼，于是即兴赋诗，蒲松龄作《崂山观海市作歌》：

山外水光连天碧，烟涛万顷玻璃色。直将长袖扪三台，马策欲挝天门开。方爱澄波净秋练，乍睹孤城悬天半。埤堄横亘最分明，缥瓦鱼鳞参差见。万家树色隐精庐，丛枝黑点巢老乌。高门洞辟斜阳照，晴光历历非模糊。緼属一道往来者，出或乘车入或马。扉阖忽留一线天，千人骚动谯楼下。转眼城郭化山丘，猎马百骑皆兜牟。小坚腾骧逐两鹿，如闻鸣镝声★飂飕。飙然风动尘埃起，境界全空幻亦止。人世眼底尽空花，见少怪多无须尔。君不见：当年七贵赫如云，炙手热焰何腾熏！

这次东游往返 20 多天，蒲松龄与几位乡绅交往融洽，这些人也在交往之中发现了蒲松龄于文于诗的超众才华，此外，蒲松龄雅爱搜神的习惯想必在途中也多有发挥，《聊斋志异》中《崂山道士》便是此时的作品，此外，高珩也对狐鬼之事颇有兴趣，他在途中为蒲松龄讲了一段自己的神异经历：崇祯年间祖父并重，高珩兄弟二人从河南请来一位猴仙所托的老叟，他称猴仙所言，高氏兄弟日后都得高中，而其祖父则"生死事大，其理难明"，不久，祖父便去世了。这个故事也就是后来被蒲松龄润色进《聊斋》中的《侯静山》。

次年七月，唐梦赍又邀请蒲松龄相伴登泰山。蒲松龄便作了

后人乐道一首《登岱行》：

兜舆迢迢入翠微，往来白云荡胸飞。
白云直上接天界，山巅又出白云外。
黄河泡影摇天门，千峰万峰列儿孙。
放眼忽看天欲尽，歧足真疑星河扪。
瑶席借寄高岩宿，鸡鸣海东红一簇。
俄延五更黍半炊，洸漾明霞射秋谷。
吴门白马望依稀，沧溟一掬推琉璃。
七月晨寒胜秋暮，晓月露冷天风吹。
顷刻朝暾上山觜，山头翠碧连山尾。
及到山下雨新晴，归途半踏蹄涔水。
回首青嶂倚天开，始知适自日边来。

另，蒲松龄还有一篇《秦松赋》，借古松清标独耸的气质自况，五松虽受秦王封授，但却不因凡俗而失掉自然之美。

多次出游，使得蒲松龄与高珩和唐梦赉的友谊愈加深厚，他也经常到二位乡绅家中做些代笔之役，也便有更多的机会谈起他的巨著《聊斋志异》，高珩不以谈鬼说狐作小说为小道，谓其"以天常民彝为则"，"足辅功令教化之所不及"，肯定了蒲松龄的虚构改写，指出许多狐鬼可爱可敬之处，他佩服蒲松龄为鬼孤立传，自己也愿为其力排众议，为之张目。

唐梦赉在康熙十三、十四年（1674—1675）间，多次邀蒲松龄来府邸饮酒畅谈，对这位喜人谈鬼、很受非议的不第秀才，唐梦赉青眼有加。蒲松龄在《沁园春·岁暮唐太史留饮》中称他：

"雪煮团茶，座延国士，何数浅斟低唱哉！"赞扬唐氏礼贤好士，不追求声色淫乐。又称其"尤难处，在世人欲杀，我意怜才。"感激唐氏，不顾别人的非难，赏识自己的才华，支持自己的创作，表现了他识才、惜才，奖掖后进的博大胸怀。词中又说："我狂似絮，幽芳自喜，君淡如梅。"表明两人的交情，不附带其他条件，就是建立在"唐氏爱才，蒲氏尊贤"的基础上。多年后二人分别之时，蒲松龄在诗中道："何当再续十年约，蜡履从君采石华"，充分表示了自己的依依不舍之情。

与诸位名士的交游往来对于蒲松龄的心灵来说是很畅快的，对于《聊斋志异》的创作也是增益不少，但是作为一个屡试不第的穷秀才，家道窘困的蒲松龄仍然无法摆脱口腹之累，他的物质生活没有得到改善，妻儿一家仍在贫困线上挣扎，于是，生计无奈的蒲松龄不久以后也结束了这些浪漫的交游，重新将生活的中心放到坐馆养家之上。

4. 毕氏西宾

康熙十八年（1679），蒲松龄穷愁不遇，功名无望，或许是受高珩推荐、或者借丰泉王氏的关系，到本县西铺村毕家坐馆，开始了他30年的塾师生涯。

西铺村在淄川县城约60华里处。毕府是淄川的世家名门，当时号称"三世一品"、"四十同朝"，是明末开始的望族。他的馆东毕际有，字载绩，顺治三年（1645）拔贡入监，考授山西稷山知县，后升江南通州知府。康熙二年（1663）因解运漕粮，积年挂欠，赔补不及而被罢官。也就是蒲松龄《次韵毕刺史归田》中提到的毕刺史。毕际有喜读书，精于鉴赏，风雅自命，在南通州

做官时便"夜夜名流满高宴",广交名流,与江南大名士陈维崧、孙枝蔚、杜凌、林茂之等均有交往。罢官归田十几年,留心翰墨,有所著述,还曾助修邑志。毕际有的祖父毕木,有八子,"二登甲、一登科、一明经、一食饩,余青衿"。登甲二人,一个是毕际有的父亲毕自严,字景曾,号白阳,明万历年间进士,官至户部尚书,卒赠少保,赐祭葬,《明史》有传,且雅好诗文,著有《石隐园集》。另一个是八叔毕自肃,明末官至佥都御使,巡抚辽东,因兵变绝食而亡。六叔毕自寅,曾任南京户部主事。二伯父毕自耘之孙毕盛赞与毕自肃之孙毕盛青于顺治十八年(1660)同榜登进士及第,毕盛赞,字芳文,授山西芮城知县,后因故罢归。蒲松龄有《代毕芳文贺叔母王孺人八十大寿序》。毕盛青,字子山,授中书舍人,后任赣州同知,卒于任所。其余毕家子孙虽然仍有几位做州、县官的,但远没有当年的显赫了。

淄川名门当时还有五姓:张、王、高、孙、韩,毕家与这些大族多联络有亲,与新城显官王士禛更是"三四世婚姻之好"。蒲松龄应邀到毕氏为西宾,也使他有机会接触到上层社会的各种人物,这对他的生活、交往和创作都有非常深刻的影响。

毕际有聘请蒲松龄来家设帐坐馆时,毕家已经无人在外做官,家族也已经分产分居,起初蒲松龄的工作仅仅是教馆东家的几个适龄孩童读书做举业而已。但随着与馆东一家交往渐多,蒲松龄谈吐风雅,辞藻富丽,文采斐然的为人才华使得馆主毕际有对其倾心而赏,蒲松龄不仅成了他清谈的伴友,还成了他文字的代笔。毕际有请蒲松龄为自己的书稿点批、品鉴,一切贺悼往还都由蒲松龄代笔,亲朋来访、官吏拜谒也由蒲松龄来迎送作陪。而新县令、学师莅任、离任,或者一些重要的官场打点,也都有蒲松龄以西宾的身份出面，久而久之给孩子们启蒙、教制艺文律诗已经不是蒲松龄在毕家的主要工作了。而毕际有对这位才华横溢的西宾客倚重之情越加甚重，宾主之间，非常融洽。

事实上，单纯的坐馆教课对于科举仕途完全没有帮助，甚至是一种精力和时间的浪费，蒲松龄家境贫寒，无以为生，实在是迫于无奈而为之。但是，他在毕家虽说是寄人篱下，不过，由于馆东毕际有对自己宽厚赏识，拘束不多，想必也有额外资助，更重要的是毕家府第宽阔，园林更胜，而且有丰富的藏书，冬日住在炉火温暖的绰然堂，夏日移居凉爽舒适的效樊堂，或者在隐园的霞绮轩里，这些都是难得的清幽处所，与思考创作都是最佳所在，蒲松龄渐渐有了"以馆为家"的踏实心态，绰然堂内西山墙上，如今依然悬挂着蒲松龄撰写的《绰然堂会食赋》，其序曰：

有两师六弟，共一几餐。弟之长者方能御，少者仅数龄。每食情状可哂，戏而赋之。

显然，绰然堂不仅是蒲氏教书的地方，也是师生共同进餐处他与另一塾师王宪侯，和六个弟子在一个桌子上进餐，情景煞是有趣，因而作赋记之。

另外，此处由他写的两首诗《逃暑石隐园》《读书郊樊堂》中可以窥见得到当时居于毕家的惬意情怀：

绕屋浓阴万树蝉，水云浮动芰荷天。
两餐如客饥投肆，初漏无声静入禅。
石丈犹堪文字友，薇花定结喜欢缘。
雨余帘外松风冷，竟到匡床搅夜眠。

午漏沉沉日影迟，遮栏草树绿横披。
小山措笏如人拙，瘦竹无心类我痴。
瀹茗炉烧风落果，落花蹊放旅生葵。
池亭住久浑相识，小苦奔波未忍移。

诗中写园林清幽，花木繁盛，清风明月颇得雅趣，虽然期间多有孤寂之感，但也未见抱怨之辞。此外，蒲松龄另有《贺新凉喜宣四兄扶病能至，挑灯伏枕，吟成四阕，用秋水轩唱和韵》，文中有一段称赞石隐园道：

名园台榭红窗显。远心亭鸾惊鱼奋，墨文粉匾。幽似武陵溪畔路，止少村庄鸡犬。高士卧，尘嚣可免。齿上飞花明月夜，姑妄言不必凭何典。

可见，蒲松龄认为石隐园是最为理想的读书冥想、梦笔生花的所在。事实上，也正如蒲松龄自己所说，石隐园确实成就了部分《聊斋》作品，许多名篇都是在这思古幽情的隐园中写就的。其中最为有名的便是《绛妃》，这篇类似"白日做梦"的自叙体故事在《聊斋志异》中常常被后人称道。有人称《绛妃》受李白《答蛮书》的影响颇深，秉持这种观点的人，想必都是源于《绛妃》篇末蒲松龄模仿骆宾王《讨武曌檄》而作的"讨封氏檄文"，蒲松龄在其中大肆控诉狂风对百花的摧残，言辞富丽，明显带着对毕家朝夕相处的花草树木的深情，可以说是以花木况善良弱者，以狂风喻邪恶势力，这在《聊斋》刺贪刺虐的的文章中可谓独具匠心。

蒲 松 龄

在毕府的几十年里，丰富的藏书开阔了蒲松龄的眼界，也为他提供了一个较好的读书和写作的环境，蒲松龄所得的薪酬也照之前丰厚，对妻儿贫困的生活现状略有改善，而更重要的是毕家坐馆的这段时间，真真正正的成就了《聊斋志异》的主体创作。

蒲松龄早年已经因自己"雅爱搜神"的兴趣广收了不少素材，陆续结成篇目，在他来毕家坐馆的那年春天，便将这些篇章结集并定名为《聊斋志异》，还写了一篇《聊斋自志》，表白自己的创作苦衷和缘起。

毕际有虽曾为贵官，但性情疏放，思想较为开明，附庸风雅也颇有闲散情趣，最重要的是他不仅不歧视志怪传奇的小说家言，也不以他家的塾师谈鬼说狐，撰写灵异故事为侈陈怪异，有乖风化，反而倍加欣赏，甚至风雅相属，积极参与《聊斋志异》的创作。他经常为蒲松龄提供一些素材，甚至亲自捉刀撰写短文，《聊斋志异》中《鸲鹆》文末就有小注："毕载积先生记"，另一篇《五羖大夫》也有末注："毕载积先生志"。再有《杨千总》篇中，记载"毕民部公"故事，也是由毕际有亲自口授的。

此外，除了毕家的馆东先生对蒲松龄的"事业"感兴趣以外，毕氏家族中众多子弟也在族长的默许之下轰轰烈烈地加入到《聊斋志异》的创作中，来向蒲松龄讨教、切磋、解读、讲述闲谈的人络绎不绝，以至于后来发展到内宅之中也都熟知家中这位"喜人谈鬼的"馆师。一位祝姓的女仆也加入到其中，她为蒲松龄绘声绘色的讲述了自己家兄嫂相依并枕而逝的故事，也就后来被蒲松龄润色而就的篇目《祝翁》。而作为《聊斋志异》的"主管先生"，蒲松龄作为回馈也经常把身边的毕家子弟写进自己编织的狐鬼故事中。《狐梦》篇中的主人公毕贻庵因读蒲松龄的《青凤传》

而梦遇狐女，且狐女最后又提出要求，请毕贻庵代求作者蒲松龄把自己也写进《聊斋》。这位书生，正是毕府馆东毕际有的侄子，他经常独自一人于阁楼读书，传言那里多狐，另读蒲松龄的作品以后也天真的心向往之，也就是蒲松龄在篇末写的一位康熙二十一年腊月十九日，毕氏友人在绰然堂与之抵足而眠时自述的一个遇狐女的梦。蒲松龄或是作此篇来调侃娱乐之意。

另一位对《聊斋志异》怀着无比热情的毕氏族人是一位少年举人，毕公权，名世持，他是《聊斋志异》中《马介甫》的合传人。蒲松龄在这片短文中极尽夸张的而将这位友人"不能禁狮吼之逐翁"的性格改造出来，写出了一个狐仙马介甫整治极度惧内的书生杨万石的故事，也塑造出《聊斋》中一位非常有名的悍妇——尹氏。事实上这个故事的原型应该是蒲松龄少年时郢中诗社的友人王鹿瞻。《马介甫》中讲悍妇虐待公婆的本事来源也属于这位"季常之惧"的老朋友，然而也正是这种家庭状况导致了蒲松龄和王鹿瞻的友情宣告破裂。

王鹿瞻惧内而听任妻子将老父逐出家门，致使老人客死他乡。蒲松龄听闻后非常气愤，作《与王鹿瞻》责之：

> 兄不能禁狮吼之逐翁，又不如孤犊之从母，以致云水茫茫，莫可问讯，此千人之所共指！

《马介甫》以王家变故为本事，但并未完全如实描写，而是增枝添叶，在虐父、逐父这个核心情节的基础上增添了一个异人惩罚的叙事模式，处处充满了讽刺，篇末，蒲松龄写道注曰："此事余不知其究竟，后数行，乃毕公权撰成之。"关于这一句话，袁

世硕先生认为:"《马介甫》之作,无疑是为王鹿瞻事而生发。毕公权时已中举,名气更大,出于义愤,补撰成篇,亦是情理中事。蒲松龄有意让毕公权补撰成篇,并特于篇末注明,大约也是有所用心,一来是故作迷离,将真事隐去;二来是假解元毕世持之名,使王鹿瞻无法向自己兴问罪之师。"

***

毕际有于康熙三十二年(1693)春去世,蒲松龄作八首悼词痛苦之,《哭毕刺史》:

> 今生把手愿终违,零落山丘对晚晖。海内更谁容我放?泉台无路望人归。(其一)

> 商今略古日科头,一旦骑鲸赴玉楼。临别清谈还竟夕,谁知永诀已千秋!孙多业足光先德,子孝犹堪解母愁。名寿如君复何憾?伤心最苦在离忧!形骸疏脱岁寒心,回首生平思不禁。物必求工真似癖,书如欲买不论金。涕随挽曲声中堕,人向游仙梦里寻。最悼十年同食友,不曾言别已分襟!(其二)

这种无可依傍的哀伤之情,即便是文学文字的渲染,但熟知这段过往的人,还是很容易从中体会到蒲松龄的真挚悲痛的。蒲松龄殇于老馆东去世,便决定辞馆回家,但是却遭到新馆东、毕际有的仲子毕盛钜的盛情挽留。

毕盛钜,字韦仲。比蒲松龄小几岁。《淄川毕氏世谱》说他:"天性聪慧,读书善解,通晓诸家,精于翰墨,真博物君子也"。

但事实上，这几句是对他喜读杂书的委婉措辞。毕盛钜兄弟皆早殇，从小娇生惯养，有些富家公子的懒散习性。但是为人比较厚道温和。毕盛钜也曾于康熙十五年（1686年）考取府拔贡，后选授黄县教谕的头衔，不过毕盛钜更愿意在家过富贵闲人的舒心日子，没有去官学上任。蒲松龄初到毕家，曾作《少年游·戏赠韦仲》词：

> 深沉庭院画楼光，净几爇沉香。
> 萱椿犹健，年华未老，玉树已成行。
> 茂陵不惹白头怨，心地更清凉。
> 终朝三醉，闲调双鸲，大是酒禽荒。

寥寥数字，便生动的刻画出了这位少馆东的性情，双亲健在，令子满堂，却不思上进，嗜酒、玩鸟(鸲，俗名八哥)。他对这位少馆东看似"戏赠"的言辞，其实更多则是带着劝谏的感情的，但毕际有死后，也恰恰是这样一位公子当家，毕盛钜是离不开被父亲倾心信任的亲如兄长般的老西宾的，没有了蒲松龄，毕家的一切文字应酬都面临瘫痪的危险，加之，他自己的八个孩子都还没有中举，小的更没进学，自然也要老师指教研习举业。这种情况下，毕际有的妻子，也就是毕盛钜的母亲王夫人也和儿子一起，再三劝说蒲松龄继续留在毕家。其时，蒲松龄已经年过半百，四个孩子也已成人，长子蒲箬已经到了而立之年，亦于5年之前进学，当时也做了童师贴补家用，蒲松龄一家早已摆脱了先时贫困难堪的窘境。蒲松龄也可以不用再迫于生计每年数次往返奔波，但是出于对毕际有的深情厚谊，蒲松龄也只好答应了毕盛钜和王

蒲松龄

夫人的要求。

此时的蒲松龄虽然子孙满堂却不能尽享天伦之乐,每年只在年节时节中回家小住几天,按他自己的诗句便是:"久以鹤梅当妻子,且将家舍做邮亭。"自己教毕家的孩子读书、学习举业,却不能躬身自教,只好"有书读任群儿懒","文事唯凭子孙教",康熙三十六年(1697),蒲松龄家又盖起了一间小屋,子侄们起了室名为面壁居。蒲松龄感慨道:"颜为面壁佳名好,只恐蒲团日日空",在他心里时时浮起辞馆归家的念头。每年年终,蒲松龄都婉转地表达一下这个意思,但都禁不住王夫人和毕盛钜言辞恳切的挽留,直到后来毕盛钜与他做了一次深切的交谈,终于使蒲松龄打消了撤幕回家的念头,我们能够从蒲松龄事后所作的《赠毕子韦仲》5首诗中体察出让蒲松龄不忍离去的重要原因,即是宾主20年的深情:

廿载金兰道义熏,青灯好月我同君。
寒炉拨火尘生案,懒性摊书乱似云。
暂到苦贫家易弃,久交垂老意难分。
年年援止情无限,只恐别时不忍云。

马头三尺软红尘,东去西来道路频。
早径山高岚似雨,浅滩风过水生鳞。
居斋信有家庭乐,同食久如毛里亲。
生徒抱子皆如许,犹当童蒙提耳嗔。

宵宵灯火共黄昏,十八年来类弟昆。

博士乘车依鄂杜，冯驩弹铗老平原。
疏狂剩有葵心在，肺腑曾无芥蒂存。
高馆时逢卯酒醉，错将弟子作儿孙。

寒窗相对几何辰？握手惊看白发均。
每忆少年如隔世，偶谈往昔易沾巾。
梁鸿垂老因人热，鲍叔深交念我贫。
他日移家冠盖里，拟将残息傍门人。

凝寒不雪昼常阴，百感中来自不禁。
愁趁衰情添白发，贫缘痴绪梦黄金。
半窗照影梅花月，数载连床夜雨心。
落木萧萧冬又暮，一堂灯火两情深。

可见，如此深情厚谊牵绊着蒲松龄的心，"居斋信有家庭乐"道出了他改变离去的打算真正原因，于是，蒲松龄留在毕家一直待到66岁才撤幕归家。而康熙五十三年（1714）王夫人逝世，75岁的蒲松龄依然亲自赴西铺吊唁，并撰写了一篇《毕母王太君墓志铭》。

可以说，在毕府的30年，蒲松龄与毕氏子弟结交下了深厚的感情，在此期间，他的物质生活也得到了改善，再也不用居无定所，忍饥挨饿。优雅的环境，豁达的宾主与丰富的藏书，也极大地促进了蒲松龄的创作，他的大量作品都是在这30年中，在毕家完成的。除了《聊斋志异》，还有大部分诗词、杂著、俚曲。但是，相比之下，意义更为深重的是，毕府的30年极大地扩展

了蒲松龄的社交圈，除了对他及《聊斋志异》影响最为深重的文坛大家王士禛以外，还结交到了一些上层社会的地方官员和文坛名流，他们对蒲松龄以及《聊斋志异》皆抱着欣赏甚至崇拜的态度，如淄川县令汪如龙、张嵋、周统、时惟豫，山东按察使喻成龙，还有袁蕃，朱缃以及一直没有间断往来的高珩和唐梦赉等等。

蒲松龄先后在毕家结识了多位淄川县令，因为毕家的关系，更因为他本人的文采，这几位知县对蒲松龄皆礼遇有加。康熙二十年（1681），当时的淄川县令汪如龙邀请蒲松龄到署中做客，并表达了自己想要阅读《聊斋志异》的愿望。这恐怕也是蒲松龄平生第一次受到父母官的礼遇。他感到十分荣幸，他曾作《答汪令公召见》七律5首，表达自己的感激之情，其中有云："偃蹇自拼人不伍，忽逢青眼涕沾巾。"但是，蒲松龄生性耿介，向来坚持秀才不入公门的操守，于是，出于这样一种感激而又不得推辞的心情，他诚恳地写了一封《上健川汪邑侯书》委婉地表达了自己的意思：

松，载笔以耕，卖文为活。遍游沧海，知己还无；屡问青天，回书未有。惟是安贫守拙，遂成林壑之痴；偶因纳税来城，竟忘公门之路。漫竞竞以自好，致落落而难容。膏火烧残，欲下牛衣之泪；唾壶击缺，难消骥枥之心。归雁衔芦，畏霜自蔽；寒蝉抱树，吊影行吟。受廛为氓，叨在覆帱之下；依楼得月，幸处照临之中。于今鸡犬皆宁，鼓腹而感噢咻之赐；从此衣冠有主，高枕而安衡泌之栖。结绿青萍，咸望薛、卞而定价；龙文

骥子，一睹伯乐而哀鸣。若残甲剩鳞，敢污巨斧？而秋虫春鸟，愿聒清闻。惟冀放极大之光明，烛兹酸态；幸勿以无端之歌哭，笑此狂生。一语游扬，重燕石于鼎玉；片言照抚，变寒谷于风烟。略录旧篇，用代鼓掌；附呈小品，聊博哄堂。庶王事鞅掌之余，一开笑口；而仁人仰屋之夜，小破愁颜。不揣侏人离，数首妄求冰鉴；弗嫌谫陋，八股尚俟陶钧。如或青眼窥人，谬荷栽培之眷；万一蓝衫利市，宁忘高厚之恩。

蒲松龄除了赞颂汪县令的德政外，也言及自己的不得志，企盼得到县令的赏识、提携。他随信呈上自己的诗文和《聊斋志异》的部分篇章，希望得到知县的鉴赏，更加期盼汪如龙能够在举业上给予帮助。

后来，汪如龙生日，蒲松龄又写了一首五言排律《寿汪令公二十四韵》，为汪知县祝寿。歌颂了汪知县的政绩，表达了而且民众的心声。多年以后蒲松龄一直没有忘记汪如龙对他的特殊礼遇，在写给李尧臣的信中还提到："昔汪公在县，虽有小欲，而待以礼，故亦不能取祸"。

康熙二十五年（1686）继汪如龙而来的新任淄川县令是张嵋，他对满腹经纶的蒲松龄也很器重，往来诗文唱和，没有丝毫父母官与穷秀才的等级隔膜。这对蒲松龄来说，既是荣幸，也是安慰。

蒲松龄与张嵋初次见面，是随毕际有前往淄川县城驿舍迎接即将上任的父母官，不想这位新县官对《聊斋志异》也早有耳闻，对其作者蒲松龄也神交已久，日后便，经常出入毕府拜访蒲松龄，

蒲松龄感到莫大的荣幸。他在《呈石年张县公俚谣序》中言：

> 初入驿舍接清尘，荣已拟于下榻；再向荒阶迎玉趾，迹直近于式庐。方欲识荆，倾风自想；遂劳说项，戴海难戡。抱刺三年，旧箧开而灭字；歔枯片语，寒谷变而生春。践阮籍之穷途，方将涕泪；邀孙阳之小顾，便欲骄嘶。

张嵋对蒲松龄仰慕心切，不惜屈尊造访，礼贤下士。蒲箬《柳泉公行述》记载："邑侯石年张公，仰慕文名，征召不出，亲履斋庭，迫而后见之。"便如实记述了这件事情。随着两人交往渐多，除《聊斋志异》外，还时常切磋诗艺，张嵋不仅与之唱和，还曾请蒲松龄为自己的诗集《古香书屋存草》作序，即现流传下来的蒲松龄《〈古香书屋存草〉序》：

> 窃闻安仁作宰，一县桃李；苏子为官，满堤杨柳。自古文人，多为良吏，可以知弦歌之化，非文学者不能致也。武林名士，胸罗星斗，其学其才，诚不可一世。虽则邑事纷孥，而公则好整以暇，犹以游刃之余，肆力风雅，往往不相遐弃，时以新什见示，读之苍秀悲深，喜者豁人胸，悲者雪人涕也。但吉光片羽，了了恨其易尽。后得《纪游新草》，如获拱璧，晨夕展玩，未尝暂释，而犹以全豹未窥为憾；继复投以《古香书屋草》，掀髯快诵，即入螂嫘之室而窥其秘藏，不是过矣。

文中将张嵋比作潘岳、苏轼，对其人格、文采都给予极高的评价。此外，蒲松龄对这位廉政爱民的父母官突出的政治业绩也是非常的钦佩的，常常作诗作文为之大力褒奖。先后写了《颂张邑侯德政序》《呈石年张县公俚谣序》和《俚谣颂张明府》《廉叔行》《弹乌行》《从侄阿九归自费》6篇诗文。即便在自己的著作《聊斋志异》中也不忘此意。《聊斋志异》中《王十》《王大》两篇，就是借张嵋"仁恕"的高尚德行行进的演绎成文。《王十》中蒲松龄在文末赞扬张嵋："公爱民之事不一。此其闲情，邑人犹乐诵之。"《王大》中，蒲松龄则演说张嵋痛恨赌博，对赌徒有着超凡的分辨力，可见其廉正之心。

康熙二十八年（1689），张嵋三年任满，擢升甘肃省巩昌府同知。蒲松龄深为离别感到悲伤，一连写了《送别张明府》、《悲喜十三谣》二首组诗：

衡茅三载浃恩光，忽怅迢遥去路长。
别驾岂堪容骥足？要津应复见龙骧。
春溪碧草伤南浦，斑马红亭系夕阳。
只恐文章能妒命，忍教陆氏一庄荒。

还有13首七律即《悲喜十三谣》，诗中有六悲七喜："农人悲"、"儒童悲"、"乡人悲"、"翁妪悲"、"肆贾悲"、"名士悲"、"衙役喜"、"博徒喜"、"豪强喜"、"讼师喜"、"端工喜"、"娼户喜"、"苞苴喜"，以此来称颂张嵋在淄川的政绩、百姓的爱戴，他在《送别张明府》中又将对友人的不舍之情淋漓尽致地表达出来：

蒲松龄

  留鞭挽辔，千尺潭水之情；把酒临风，三叠阳关之曲。折一枝之杨柳，步步流连；遗满县之桃花，年年开放。别词欲就，无限徘徊；望胝将捐，是何情绪哉！

  蒲松龄的文章并非夸大之作，张嵋离任以后，淄川百姓为纪念这位爱民的父母官，专门修建了祠堂，年年香火不断。

  张嵋之后的几任县令周统、时惟豫也都如前任知县一般，对蒲松龄的文采、创作倍加欣赏。蒲松龄与他们也留有许多诗文往来，在此不多赘言。

  在毕府上层社会的交往中，蒲松龄遇到了一位执著的崇拜者朱缃。朱缃比蒲松龄小30岁，是名副其实的忘年之交。

  朱缃，字子青，号橡村，出身官宦豪门，伯父朱昌祚官至直隶、河南、山东三省总督（人称"朱三省"），康熙初年因抗阻鳌拜圈地之争被处死。父亲朱宏祚，顺治五年（1648）举人，康熙九年（1670）授江苏盱眙知县，历任刑部主事、兵部郎中、直隶守道参议，擢广东巡抚，升浙闽总督。朱缃兄弟五人，二弟朱绛，官至广东布政使。三弟朱纲，官至福建巡抚，卒赠兵部尚书。朱缃从小锦衣玉食，却懒于举业，只爱诗文小品。他特别喜欢《聊斋志异》，蒲立德《书〈聊斋志异〉朱刻卷后》一文中曾记述：

  昔，我大父柳泉公，文行著天下，而契交无人焉。独于济南朱橡村先生交最契。先生以诗名于世，公心赏之；公所著书才脱稿，而先生亦索取抄录不倦。盖有世

所不知，先生独相赏者，后之人莫得而传之。

朱缃利用10年左右的时间抄录了一部《聊斋志异》，据今看来，这是《聊斋》的最早抄本。他不仅能够理解蒲松龄以鬼狐史寄托磊块愁的良苦用心，还把《聊斋志异》的成就与《离骚》《史记》并列，为志怪立名。他对《聊斋》的理解较他人皆深刻许多，蒲松龄更是将这位后学引为知己知音。后来蒲立德在文中追述说：

  公之名在当时，公之行著一世，公之文章播于士大夫之口，然生平意之所托，以俟百世之知焉者，尤在《志异》一书。夫"志"以"异"名，不知者谓是虞初、干宝之撰著也，否则黄州说鬼，拉杂而漫及之，以资谈噱已，不然则谓之不平之鸣也；即知者，亦谓假神鬼以劝惩焉，皆非知书者。而橡村先生相赏之义则不然，谓夫屈平无所诉其忠，而托之《离骚》《天问》；蒙叟无所话其道，而托之《逍遥游》；史迁无所抒其愤，而托之《货殖》《游侠》；昌黎无所摅其隐，而托之《毛颖》《石鼎联句》，是其为文，皆涉于荒怪，僻而不典，或诙诡绝特而不经，甚切不免于流俗琐细，嘲笑姗侮而非其正，而不知其所托者如是，而其所以托者，则固别有在也。

出于志同道合，两人很快结下了友谊，诗文往来，唱和不断：康熙四十五年(1706)，朱缃曾在他过录的《聊斋志异》上题诗三

蒲松龄

首：

> 冥搜研北隐墙东，腹笥言泉试不穷。
> 秋树根旁一披读，灯昏风急雨蒙蒙。

> 香茆结就新亭小，睡觉桐荫一欠伸。
> 君试妄言余妄听，不妨狐窟号诗人。

> 捃摭成编载一车，诙谐玩世意何如？
> 山精野鬼纷纷是，不见先生志异书？

康熙三十五年（1696）秋，蒲松龄到济南应试，途径朱府，应邀做客赋《答朱子青见过惠酒》三首，其中又二首云：

> 镜影萧萧白发新，痴顽署作葛天民。
> 爱莲舟过明湖水，问舍衣沾历下尘。
> 狂态久拼宁作我，高轩乃幸肯临臣！
> 不嫌老拙无边幅，东阁还当附恶宾。

> 踏泥借马到南城，高馆张筵肺腑倾。
> 岂以作宾拟枚乘？徒劳入市过侯嬴。
> 锦堂蕴藉诗千首，褐父叨沽酒一盛。
> 公子风流能好士，不将偃蹇笑狂生。

第二年春夏之交，朱缃赠蒲松龄一把折扇，扇面题诗云：

岭山栖托处，谁识鹿皮翁？
床晒一笼药，膝横三尺桐。
蓑衣梦中绿，花影句边红。
此际幽居者，柴门可许通？

不幸的是，蒲松龄的这位仰慕者，在抄录《聊斋志异》不多年后，便与世长辞了。蒲松龄悲痛万分，写下了感情真挚的挽诗《挽朱子青》：

蕴藉佳公子，新诗喜共论。
如何一炊黍，遂已变晨昏？
历下风流尽，枫香墨气存。
未能束刍吊，雪涕赋招魂。

蒲松龄与朱缃虽然友情深厚，但相对来说，二人的交往时间比较短暂，但是，朱缃对《聊斋志异》的情有独钟不仅为后人留下了最早的一部抄本，他的这种兴趣还影响到了自己的后人，朱缃的儿子同样也抄录了一个版本，就是后人熟知的署名"殿春亭主人"的《聊斋》版本。他们对《聊斋》的传播都有突出的贡献。

蒲松龄在毕府还遇到了淄川名士袁蕃，他与蒲松龄同病相怜，相互慰藉，在短短二个月里往来唱和数量惊人，可以说，这个人的出现在一定程度上成全了蒲松龄的填词成就，在他一生的百余首词作中，这两个月的作品就占据了四分之一。

蒲 松 龄

袁藩与毕际有原有旧交,这次来毕府的主要任务是协助毕际有完成校刻其父毕自严的文集《石隐园集》,自然也就结识了居住于毕府的宾客蒲松龄。此时,蒲松龄正因严重的腿脚疾病不能出门,但于病中,依然与袁藩不断诗文唱和。有《念奴娇》5阕,《贺新凉》6阕,《一剪梅》《临江仙》《钗头凤》《瑞鹧鸪》《蝶恋花》各1阕,共16阕。《满庭芳·中元病足不能归》《庆清朝慢·卧病》《庆清朝慢·毕韦仲有赏桂之约,病足不能赴,吟以诗慨》《石州慢·中秋足患稍瘥,不能纵饮》等多篇。这些作品文辞优美,感情真挚,现举出几例:

《念奴娇·挽袁宣四》:

三秋淫雨,日倦倦相与,投桃报李。返驾无期,人道是,萌水松篱逝矣。藤茧犹新,笔花似故,谁信人真死!窥园不见,还疑暂复归耳。遐想潇洒生平,吟髭拈断,了才思如绮。不道堂前燕子来,回首河山非是。古往今来,茫茫泉路,下曾无雁鲤。夜台廖阔,知君何处栖止?

再如《庆清朝慢·毕韦仲有赏桂之约,病足不能赴,吟以诗慨》:

磊落生平,癫狂意致,那堪一病缠绵!可怜回旋室里,坐榻成穿。跛踦三餐后,只寻常横股短床边。仆近况,真如杨柳,一日三眠!

山中庐舍在,鸿妻椎髻,霸予蓬头。自病中悲悯,

家字慵修。落拓从来有恨，思量到幽怨全收。曾闻道当年杜甫，也是一生愁。

蒲松龄与袁藩交往时日不多，但在他的诗文生涯上却也是十分显著地一笔。

5. 渔洋之交

大文学家王士禛对《聊斋志异》的赏识，算得上是蒲松龄人生的重要事件。

王士禛，字贻上，号阮亭，又号渔洋山人，后避雍正皇帝讳，改名王士祯。官至刑部尚书，创立神韵说，是清初一代文宗。蒲松龄与这位大人物的结识起源于他所坐馆的毕际有家。正如上文所述，毕家与淄川附近几个县的大户望族有盘根错节的姻亲联系，尤其是与新城王士禛家，更是"三四世婚姻之好"。毕际有及其早逝的长兄毕际壮，所娶之妻都是王士禛的从姑母，其一即上文提到的那位王夫人，在她晚年时，王士禛曾多次前往问候，情谊深厚。毕际有的儿子毕盛钜、侄子毕盛育也都娶得王家的姑娘，女儿又嫁给了王士禛的堂弟。正如蒲松龄于毕家坐馆时所作的祭文："念我两门，姻娅重重，虽云二姓，无异一宗。"

由于毕家与当时的文坛名人王士禛一家有如此亲密的关系，使蒲松龄得以在毕府结交官高位显的王渔洋，《聊斋志异》也得到了他的大大欣赏。鲁迅先生曾在《中国小说史略》中说："相传渔洋山人，激赏其书，欲市之不得，故声明益振，竞相传钞"。此处其实只是误传，这重金购书之人并非王士禛。但王渔洋本人对《聊斋志异》却的的确确是十分钟爱的。他向蒲松龄借阅《聊

蒲松龄

斋志异》，写下了36条评语，其中称《张诚》是"一本绝妙传奇"，说《连城》"雅是情种，不意《牡丹亭》后复有此人"。此外，王渔洋在结识蒲松龄的第二年便为他的创作稿题诗，也就是随《聊斋》一起声名远播的那首《戏题〈聊斋志异〉卷后》：

　　姑妄言之姑听之，豆棚瓜架雨如丝。
　　料应厌作人间语，爱听秋坟鬼唱时。

　　显见，王渔洋用李贺"秋坟鬼唱鲍家诗"说出《聊斋志异》以传奇法而志怪的特点，道出聊斋故事取材方式和寓意的真谛。不仅从正面肯定了蒲松龄在豆棚瓜架之下收集民间传说故事、深入下层人民生活的创作态度，赞赏其大写阴世、鬼魂、狐精的诡异题材，更暗寓他对《聊斋》敢于正视也批判人间不平与黑暗的勇气表达非常的赞许之意。蒲松龄为此激动不已，甚至萌生了一种绝处逢生的欣喜之情。他立即作诗酬答：

　　志异书成共笑之，布袍萧索鬓如丝。
　　十年颇得黄州意，冷雨寒灯夜话时。

　　一句"十年颇得黄州意"道出了对渔洋能够真正赏识《聊斋志异》真意的知己之叹。此后，蒲松龄又在《偶感》诗中道：

　　潦倒年年愧不才，春风披拂冻云开。
　　穷途已尽行焉往？青眼忽逢涕欲来。
　　一字褒疑华衮赐，千秋业付后人猜。

此生所恨无知己，纵不成名未足哀。

这首诗则是蒲松龄把压抑于心底的，对渔洋高度评价自己诗文、小说的感激涕零之情，不假掩饰的喷薄而出。蒲松龄在《聊斋志异》成书十年后，又将定本中渔洋评批过的各篇辑成两册寄奉王渔洋。并说：

惟先生进而教之。古人文字，多以游扬而传，深愧谫陋，不堪受宣城奖进耳。

可见在他的心中，王渔洋是他最为重视和珍视的评论家。有人把蒲松龄这种过激的态度，即得到王士禛的赏识后异常激动地心理曲解成趋炎附势，巴结权贵。而回归蒲松龄自己的真实生活，我们不难发现，事实并非如此。

首先，蒲松龄当时半生蹉跎闱场，每次都铩羽而归，他的才华在当时虽有众多友人欣赏，但始终没有得到官方的肯定，连一个乡试的下层考官都屡次将他的文章拒之门外，以至于屈辱之感常常郁积于胸。而王渔洋不仅是文坛宗师，又曾任国子监祭酒，也就是官方最高学府的长官级人物，是清政府科举考试的最高主考官，能够得到这样一位人物的赞许，而且是几乎至高无上的评价，蒲松龄这久困科场的潦倒秀才真正如久旱逢甘霖一般，枯萎的心灵顿时焕发出新的生命。

其次，蒲松龄醉心于《聊斋志异》的创作，又遭到孙蕙、张笃庆等亲朋好友的一致劝阻，认为他浪费精力，耽误举业。潜心创作却不为他人理解，这对于一位创作者来说，无疑是深深地悲

哀。而正值此时，《聊斋志异》却在这一位台阁大臣处得到赏识与鼓励，穷途之中的蒲松龄如何不情绪激荡，可以说，王渔洋的出现，以及他对蒲松龄和《聊斋志异》的态度，极大地鼓舞了蒲松龄的创作热情。

毋庸置疑，王渔洋是《聊斋志异》早期的读者和评论家之一，他为这部不朽名著的创作、传播都起到了重要的作用。与作者蒲松龄也结下了深厚的友谊，二人同样留下了许多诗文往来之作。

蒲松龄南游作幕和往返归家的途中，为《聊斋志异》搜集了许多故事的素材同时，沿途随感兴所至，也写下了许多的诗，他将这些诗汇为一册，定名《南游草》，共79首。后来便以《南游草》向王士禛请教。他在给王士禛的《聊斋文集：与阮亭司寇书二》信札中很谦卑地写道：

> 松留心风雅虽已有年，然东涂西抹，其实无所师授。少苦鲍谢诸诗诘屈不能成诵，故于五古一道尤为粗浅。近妄拟古作，寄求指南，冀不吝数笔之涂，亦犹在夷貊则进之耳。

王渔洋收到诗稿后，也认真地作了评语。称《宿王家营》"近古"、《寄家二首》又称"二作可谓毫发无遗憾矣"，评《挽淮阳道》则有"起语陡健"，"苍老几近少陵矣"之词，评《为友写梦八十韵》："缠绵艳丽，如登临春结绮，非复人间闺闼"等。蒲松龄将这些评语悉数保留在自己的《南游草》诗集之中。除此之外，蒲松龄还拿出自己的文章送给王士禛，请他评阅，同样，王渔洋也都逐字逐句的阅读，给予详细的批注，评《清韵居记》

"得《离骚》之神",评《蜗庐记》"一粟米现大千世界,真化工之笔",评《上孙给谏书》"写恶官势焰,摘心剟胆,令此辈无可躲闪。至词气古茂,是两汉手笔",评《祭蜚虫文》"竟是一篇驱鳄鱼文字"。还有《题聊斋文后》的总评语:

> 八家古文辞日趋平易,于是沧溟、州辈起而变之以古奥,而操觚家论正宗,谓不若震川之雅且正也。聊斋文不斤斤宗法震川,而古折奥峭,又非拟王李而得之,卓乎成家,其可传于后无疑也。

《聊斋志异》得到王士禛的赏识,蒲松龄充满兴奋与感激,又写了一首七律《简王阮亭司寇》寄给王士禛,文中充满深情:

> 泉石栖迟五十年,临风我自笑华颠。
> 文章近世无知己,几杖当时接大贤;
> 望斗瞻山钦雅度,明刑弼教阐真诠。
> 高官偏是宜名士,日下蜚声岂偶然。

《聊斋志异》成书后十年,蒲松龄还陆续写了许多篇增入集中,重整《聊斋志异》厘为定本,又把王士禛评过的《志异》各篇,辑成两册,寄给王渔洋。蒲松龄又附上信件道:

> 十年前一奉几杖,入耳者宛在胸襟。或云先生虽有台阁位望,无改名士风流,非亲炙謦者,不能为此言也。至于玉斧兄案头得诗集两种,快读之,自觉得论衡而思

蒲松龄

益进。先生调鼎有日，几务殷繁，未敢遽以相质，而私淑者窃附门墙矣。前拙《志》蒙点志，其目未遑缮写，今老卧篷窗，因得以暇自逸，遂与同人共录之，辑为二册，因便呈进，犹之四本论遥掷急走，惟先生进而教之。古人文字，多以游扬而传流，愧陋不堪受宣城奖进也。

康熙五十年（1711）五月末，蒲松龄夜梦王士禛来看他，其时王士禛已经离世多日。蒲松龄依然哀痛不减，写下了四首悲切淋漓的挽诗，其中有云：

昨宵犹自梦渔洋，谁料乘云入帝乡。
海岳含愁云惨淡，星河无色月凄凉。
儒林道丧典型尽，大雅风衰文献亡。
薤露一声关塞黑，斗南名士俱沾裳。

不久，他又代馆东毕盛钜写了一篇情辞哀切的祭文。名虽代写，其中却依然洋溢着他哀悼王渔洋的深挚感情。

与王渔洋的结识交往不仅是蒲松龄生命中的大事件，而且也是《聊斋志异》创作传播史上的一段佳话。王渔洋对《聊斋志异》青眼有加，多次为其题诗、批注，还将其中的很多章节收录进自己的《池北偶谈》，如《心头小人》《贤妻》《天上赤字》《小猎犬》，篇章之后还特地附注："事见蒲秀才《聊斋志异》"。王渔洋也曾答应蒲松龄为《聊斋》写序，但是，可能是出于地位悬殊，或者是文学观念的差异，此事便不了了之。耐人寻味的是，当年王士禛的题诗、墨迹曾是《聊斋志异》为名士所关注的金字招牌，

甚至作者蒲松龄也期望借渔洋之名改变自己及《聊斋》的无名窘境，但是，百年后的今天，那落魄不第的穷秀才和他那谈鬼说狐的"小道"之文却声明海内，获得了无数人的崇拜，而大文豪王士禛的寥寥评语却成了附赘在《聊斋》抄本中的历史遗迹，更值得玩味的是，清初一代文宗王渔洋，一生文章浩繁，诗词无数，而在世人眼中，他最为知名的作品，却是一首《戏题蒲生〈聊斋志异〉卷后》——料应厌作人间语，爱听秋坟鬼唱时！

蒲松龄

四、聊斋先生

蒲松龄的名字流芳古今、盛名海内自然离不开他最为重要的作品《聊斋志异》。这部由500多个短篇集结而成的文言小说集，之所以被称为中国文言小说的巅峰之作，是因为其无论内容叙事、人物刻画、时代影射、社会批判，还是艺术成就，都达到了难以超越的文学水平，郭沫若先生曾评价其"写鬼写妖高人一等，刺贪刺虐入木三分。"老舍先生更盛赞聊斋故事"鬼狐有性格，笑骂成文章"。的确，《聊斋志异》作为蒲松龄一生"搜神"雅趣的结晶，已然脱离了志怪的表层外壳，从而于狐鬼花妖的世界中呈现出一种深度的哲学思考。

1. 聊斋缘起

蒲松龄为什么要创作《聊斋志异》，他又是怎样进行的《聊斋》创作，又是因何故为这部狐鬼之书定名为"聊斋志异"？这些都是进入聊斋世界之前，我们首先要弄清楚的问题。

蒲松龄在《聊斋自志》中写道：

> 披萝带荔，三闾氏感而为骚；牛鬼蛇神，长爪郎吟

而成癖。自鸣天籁，不择好音，有由然矣。松落落秋萤之火，魑魅争光；逐逐野马之尘，罔两见笑。才非干宝，雅爱搜神；情类黄州，喜人谈鬼。闻则命笔，遂以成编。久之，四方同人，又以邮筒相寄，因而物以好聚，所积益夥。……集腋为裘，妄续幽冥之录；浮白载笔，仅成孤愤之书；寄托如此，亦足悲矣！嗟乎！惊霜寒雀，抱树无温；吊月秋虫，偎阑自热。知我者，其在青林黑塞间乎！

短短一页文字，却为我们解开了许多疑问。

蒲松龄将《聊斋自志》以序言的形式写于这部巨著之前，未及开言，却率先列出一串前辈的事迹：三闾大夫屈原彷徨山泽，斥天责地，卜筮问神，而后便有《离骚》披萝带荔的奇士形象；长爪郎李贺荒诞成癖，诡谲无状，诗中光怪陆离、恍惚颠倒的牛鬼蛇神俯拾皆是；东晋干宝更是以《搜神记》名垂青史，泽被后世；苏东坡被贬黄州，逢人便索鬼怪异闻。这些怀才不遇，且都喜欢荒诞怪异的文豪名家被蒲松龄举在自己的著作之始，不得不让人联想起太史公司马迁《报任安书》中掷地有声的一段自白：文王拘而演周易，仲尼厄而作春秋，屈原放逐，乃赋离骚……蒲松龄同样丝毫不差的延续着中国文人"穷而后工"、"发愤著书"的文学传统。正如他自己所说，《聊斋志异》乃是一部"孤愤之书"，这部著作不仅成全了蒲松龄"雅爱搜神"的本性爱好，更是将自己一生的坎坷困窘、生活阅历与情感愿望都熔化在孤鬼花妖的诡异世界中。至此，我们便可以试着将蒲松龄创作《聊斋志异》的原因归结为两点：

蒲松龄

首先，"雅爱搜神"、"喜人谈鬼"的兴趣结晶。

蒲松龄本人对志怪题材有着发自内心的喜爱之情，好奇的天性使他对逸史和民间传闻都极度敏感。他在《题吴木欣〈班马论〉》中云：

> 余少时，最爱《游侠传》，五夜挑灯，恒以一斗酒佐读……人生不得行胸怀，不屑货殖，即不游侠，亦何能不曰太阿、龙泉，汝知我哉？

在《〈庄列选略〉小引》中他又说：

> 千古之奇文，至《庄》《列》止矣。……余素嗜其书。

养成蒲松龄这种"怪癖"天性的原因则是与中国千年文学传统和社会风尚有着密不可分的关系。正如鲁迅先生在《中国小说史略》中所说：

> 中国本信巫，秦汉以来，神仙之说盛行，汉末又大畅巫风，而鬼道愈炽；会小乘佛教亦入中土，渐见流传。凡此，皆张皇鬼神，称道灵异，故自晋迄隋，特多鬼神志怪之书。

这种社会风气在文学创作领域的巨大影响就是志怪小说的盛行之风。及至明末清初，依然有文人竞相谈鬼说狐，并愿意将这

些内容收入文集或作品中。与蒲松龄同时的大文豪王渔洋在他的《池北偶谈》中还专门开辟了"谈异"的门类，其中有十余个故事恰恰还来自于《聊斋志异》（上文已述）。还有许多与他们同时或稍晚的作家也写过这些相似的题材，比如《林四娘》的故事就曾相继出现在王渔洋、蒲松龄、陈维崧、曹雪芹等众多文人的笔下，而后随着《聊斋志异》余响代出，风靡时代之后，与此类似的仿作、续书、评论、集子等等更是数不胜数，就连那盛名朝野却鄙夷此等笔法的大才子纪昀也不能免俗的出了一本《阅微草堂笔记》，由此可见这种社会风尚对文学的影响之大。而在蒲松龄的生活时代，前辈的影响对他的浪漫情怀则是一种启蒙，历史为这些不达之人留下了身后名，而这些文士自身的郁愤悲苦也在这种漫游中得到了某种解脱和释然，这种畅怀的情愫恰恰又是正统文学和功名八股难以触及的东西。这便是蒲松龄不顾反对、不理非议甚至冒着有害于举业的风险执意投身创作的原因之一。

其次，"发愤著书"、"借鬼明志"的创作理想。

自古"文章憎命达"，蒲松龄一生贫困潦倒，不仅妻儿多半生忍受着缺衣少食的生活，他自己也饱尝艰辛，功名白头，从19岁一直奋斗到古稀之年都没有完成自己科甲出仕的理想，此外，一次次闱场失利，蒲松龄对科考的苦辣酸甜可谓体会至深，一年年外出坐馆，寄人篱下，又使得蒲松龄饱尝人间冷暖，备尝孤独寂寞，而这些外出的经历，又让他对上层官场和下层百姓天壤之别的生活感到无比触目惊心。如果说年轻时的蒲松龄喜欢奇异故事还只是天性和兴趣所至，中年时孤独和愤懑的蒲松龄则是在鬼狐故事中寻找自己人生的答案和精神的支撑，正如他南游期间写下

蒲松龄

的两句很值得探究的诗："新闻总入狐鬼史，斗酒难消磊块愁。"可见，满目悲愤不平又无处发泄的蒲松龄，要把所见所闻写成一部"狐鬼史"。以狐鬼写人生，以狐鬼寄托一己之愁。他在频频的失望与失意中更加明白屈原、李贺、苏轼这些先贤们苦闷的心境，也更加体会到在怪异的世界中不仅有荒诞无稽的东西，还有一些和生命追寻的灵魂相通的东西，有一些感通天地痛苦的情怀，于是便出现了蒲松龄以幻写实、以笑写悲的妙笔生花，这些狐鬼花妖就像那些无所依托的鬼魂，为人间苦难的百姓和困窘的文人飘荡着，呼号着，宣泄着，求索着。正如后来郭沫若先生评价《聊斋》的名句："写鬼写妖，高人一等；刺贪刺虐，入木三分。"更如老舍先生评价所说："鬼狐有性格，笑骂成文章。"而后，随着《聊斋志异》手抄本的竞相借阅、传抄，与蒲松龄交往的官宦达贵对它给予了崇高的赞美和肯定，以及慕名而来的崇拜者对它产生的浓厚的兴趣，更激发了蒲松龄的创作信心和创作欲望。甚至于，中晚年被科举折磨不堪的蒲松龄，将《聊斋志异》作为人生的另一个出口，他随这部著作声名鹊起，更以此为媒介认识了许多如王渔洋辈的上层官僚和文人名士，或多或少也为自己已至穷途的人生境遇获得一点安慰。

***

蒲松龄是从何时开始的《聊斋》创作，又是怎样创作的呢？关于《聊斋志异》的创作有两个广为流传说法：一个是蒲松龄在柳泉摆茶摊，请人喝茶讲故事，然后整理成书的说法；另一个说法是，《聊斋》的故事就是于蒲松龄的书屋"聊斋"中来往客人的谈话记录。

对于第一种说法，从未见于蒲松龄后人和朋友的记载，只有

邹弢在他的《三借庐笔谈》中曾有云：

> 相传先生居乡里，落拓无偶，性尤怪僻。为村中童子师，食贫自给，不求于人。作此书时，每临晨，携一大磁罂中贮苦茗，具淡巴菰一包，置行人大道旁，下陈芦衬，坐于上，烟茗置身畔。见行道者过，必强执以语，搜奇说异，随人所知，渴则饮以茗，或奉以烟，必令畅谈乃以。偶闻一事，归而粉饰之。如是二十余寒暑，此书方告蒇，故笔法超绝。

这个说法鲁迅先生早已论证出其不可靠性。蒲松龄一直在外坐馆，并没有空闲到柳泉摆茶摊听故事，但这一种说法中有一个信息却是可信的，那就是蒲松龄的故事来源问题，也正如他自己在《聊斋自志》中所说的一样："闻则命笔，遂以成编"、"四方同人，又以邮筒相寄，因而物以好聚，所积益夥"，也就是说《聊斋》中的很多故事是"集腋成裘"道听途说而来。

而第二种说法则更是无稽之谈。蒲松龄为自己的书屋取名为"聊斋"，并非表面上、文字上，即"聊天的房间"之类的浅显的解释。而是蕴藏着更为深刻的含义："聊"有"姑且"之意，"聊斋"之"聊"与屈原《离骚》叩天门不开，"聊逍遥以相羊"有关，与陶渊明辞官归乡"聊乘化以归尽"有关，这个"聊"含有"鹏飞无望，聊以著书，聊以名志"的意思。也正是蒲松龄将自己的生平遭遇而无限愤懑之情，与屈原和陶潜这样的高人隐士遥遥照应，寻求知己与心灵解脱的心声。

蒲松龄从何时开始创作《聊斋志异》的呢？

蒲松龄

蒲松龄的挚友张笃庆于康熙三年（1664）有《和留仙韵》一诗，其中一句云：司空博物本风流，涪水神刀不可求。（注：张华官至司空，著《博物志》，多记神怪事。）

可见，张笃庆引用张华搜神记怪故事，一句"不可求"便透露出对这位少年好友的也是寓规劝之意，后来，张笃庆写给蒲松龄的诗中屡此出现"聊斋且莫尽谈空"、"谈空说鬼计尚违"一类的句子，意思是说"神怪之事"既虚幻不实，于仕途举业皆是无用之功，不要再沉迷于此浪费精力。由此便可知，蒲松龄早在康熙初年，或者更早到顺治十五年（1658）也就是他19岁进学，蒲松龄就已经开始有意识的搜集素材，记述奇闻异事以及创作狐鬼故事了。此后多年，蒲松龄屡战科场，辗转多处教书坐馆，加上南游作幕期间的一些官场经历，使他的创作热情一度高涨，以至于蒲松龄作幕的官家孙蕙也对此十分注意，并好意规劝蒲松龄，说写小说容易影响他求取功名，应该抓紧时间"敛才攻苦"，早日取得成功。孙蕙所谓的"敛才"，也就是收敛写志怪小说的才能，把精力集中到攻读四书五经和八股文上去。但蒲松龄并没有因为友人的不理解和善意劝阻而将写作事业搁置一边，仍然继续在穷困潦倒、全家食粥的情况下坚持写作。

康熙十八年（1679）春，授荐要去毕际有家坐馆的蒲松龄已经年至不惑，为了避免馆东因自己"喜人谈鬼"的兴趣而轻视他的文采，也因为40岁的蒲松龄已经创作了许多篇"聊斋故事"，他便以此为契机，将已做成的篇章结集成册，定名为《聊斋志异》，并且撰写了情辞凄婉、意蕴深沉的序文——《聊斋自志》，自述创作的苦衷，期待为人理解。然而，令人难料更令人惊喜的是，蒲松龄的馆东毕际有不仅没有因这些鬼狐之说而将新聘请的馆师

看轻，反而对他极度的赏识，诸事依赖，对这部尚为成型的巨著更是倾注了绝对的热情。毕家子弟和包括文坛领袖王士禛在内毕家往来的豪贵们也对此青睐有嘉，提供素材，争相传抄。蒲松龄在毕家坐馆的日子里利用优雅的环境、丰富的藏书不断地写作，直到年逾花甲，方才逐渐搁笔。可以豪不夸张地说，蒲松龄是用毕生精力创作了这部《聊斋志异》，而这部创作周期如此长，收入作品数量近500篇之多的巨著又是如何创造的呢，换言之，《聊斋志异》的创作来源又是什么？

这个问题的答案相对来说比较明晰，蒲松龄在《聊斋自志》中也做出了明确的交代，我们也可以试归作如下几点：

第一，八方之闻。蒲立德在《聊斋志异跋》中说："而于耳目所睹记，里巷所流传，同人志籍录，又随笔撰次而为此书"，蒲松龄素来喜欢关注狐鬼神异的故事，他从青少年开始就对此有意识地进行多方搜求，然后经过自己的笔墨改造，变成生动的、极具社会意义的新故事，比如前文提到过的《莲香》，就是蒲松龄在去宝应县途中，遇到大雨而住在驿馆中，听闻一个名叫刘子敬的人讲述了桑生与鬼狐的凄美爱情故事，又取出王子章所作的《桑生传》给他看，蒲松龄回去以后复又蘸笔润色，改编而成。再如，蒲松龄于毕家坐馆时，常有宾朋为他讲述鬼狐故事，馆东毕际有对此更是热衷，《聊斋志异》中《鸲鹆》文末就有小注："毕载积先生记"，另一篇《五羖大夫》也有末注："毕载积先生志"。再有《杨千总》篇中，记载"毕民部公"故事，也是由毕际有亲自口授的。此外，毕家一位祝姓的女仆为蒲松龄的讲述了自己家兄嫂相依并枕而逝的故事，也就后来被蒲松龄润色而就的篇目《祝翁》。

第二，点铁成金。《聊斋志异》中有百余篇作品取自前人或当时人的书面材料，据朱一玄先生统计，有本事可考者有139篇之多。比如，明代瞿佑《剪灯新话·修文舍人传》写夏颜卒后在冥间为修文舍人，明代李昌祺《剪灯余话·泰山御史传》写宋卒后在冥间为泰山司宪御史，都是生前正直，死后在冥间任职，我们不难从中看出《聊斋志异·考城隍》的相似情节。此外，《偷桃》篇与清人褚人获《坚瓠广集·上天取仙桃》也颇有渊源。再如，干宝《搜神记·徐光》中种瓜情节，到了《聊斋志异·种梨》则将瓜改为梨。《长清僧》借尸还魂的故事本事见于唐人《朝野佥载》，又见于《搜神记》《续搜神记》《幽明录》《宣室志》《酉阳杂俎》等。《叶生》则受到了唐陈玄《离魂记》的启发，《青凤》篇与唐薛渔思的《申屠澄》、李隐的《焦封》也有传承；《画皮》更是吸纳了南朝宋刘敬叔《异苑》、宋薛用弱《崔韬》和无名氏的《鬼董》等小说中的精华元素。蒲松龄对搜集来的故事素材，并不是照搬硬套，复制原文，更不是作简单的记录，而是广征博引，借用某些启发性的故事外壳，立论创作，点铁成金，赋予作品全新的艺术生命。有一些篇目，虽受前人启发，甚至故事结构上也大致与前作雷同，但一经他手，便可花样翻新，于潜移默化中深化或者更新了原作的主旨，使其更有时代性，更具醒世力。这样的作品在《聊斋志异》中俯拾皆是：比如由唐传奇《枕中记》而来的《续黄粱》、《南柯太守传》改编的《莲花公主》《柳毅传》而化成《织成》《吴堪》之于《蕙芳》等等。再比如，六朝小说和唐传奇当中有三个小故事：《纸月》《取月》《留月》。纸月就是有一个人，能够剪个纸的月亮照明。另一个人取月，能够把月亮拿下来放在自己怀里，没有月亮时候照一照。

第三个人留月，把月光放在自己的篮子里边，黑天的时候再拿出来。这些故事都非常简单，也没有过多的感情色彩，而蒲松龄则将它们整合润色，写出了脍炙人口的《崂山道士》。蒲松龄对这些前作的处理可谓鬼斧神工，他保留了原作中反映现实、批判现实的精神，在驰骋和想象中加入纯熟的语言技巧，立意标新，曲折动人。

　　第三，移花接木。蒲松龄亲身经历中遇到的一些典型人物形象被他作为素材写进了作品之中。这样的例子就比较多了。比如前文所提到的《狐梦》篇中的主人公，就是毕府馆东毕际有的侄子毕贻庵，因读蒲松龄的《青凤传》而梦遇狐女，且狐女最后又提出要求，请毕贻庵代求作者蒲松龄把自己也写进《聊斋》。蒲松龄从生活中选取人物时，化用最多、也最典型的例子是《聊斋》中的悍妇。比如前文提到的蒲松龄的好友王鹿瞻的妻子被他化用成为《马介甫》中的杨万石之妻尹氏。此妇"奇悍，少忤之，辄以鞭挞从事……"，不仅对亲父如此，对杨万石之妾也是嫉恨入骨："妾王，体妊五月，妇始知之，褫衣惨掠……就榻榜之，崩注胎堕"。此外，蒲松龄自身经历和亲眼目睹也为他的创作提供了深厚的生活基础。蒲松龄的两个嫂嫂经常因婆婆对妻子刘氏的偏爱整日吵闹，蒲松龄的父亲因此为儿子们分家。在刘氏这样贤良的女性映照下，蒲松龄的改写更加入木三分：《阎王》中的李常久之嫂"阴以针刺肠上"令妾"脏腑常痛"。《邵九娘》中金氏折磨死丈夫的小妾后，对又娶的林氏，表面为其装饰打扮，实则"履根稍有折痕，则以铁杖击双弯，发少乱则批两颊"直到林氏也自杀了。《吕元病》中的孙氏虐待前妇弃儿竟然达到了令孩子"开目见妇，惊投父怀，若求藏匿。抢而视之，气已绝矣"的地

步。《江城》中的江城对待公婆"诉骂弥加","不可言状"。因婢与丈夫说了一句话,就"缚生与婢,以绣剪剪腹间肉互补之"。《珊瑚》中的安母虐待儿媳珊瑚,后又遇二儿媳臧姑"骄悍戾沓""役母若婢"后受尽折磨。《段氏》中的连氏对丈夫的私婢"鞭挞数百""鬻河南"等等。

第四,天马行空。《聊斋志异》中的大部分作品则是没有原型与出处的,如果说一定要揪出一个源头,那么这个来源就是蒲松龄坎坷的人生阅历、尖锐的世事洞察力、与强大的文学想象力在作家的精神世界里凭空撞出的火花。比如暴露清廷血腥镇压、滥杀无辜的《公孙九娘》。一句"忽启金镂箱里看,血腥尤染旧罗裙",道尽了这场灾难性的战乱带给平民百姓多少无法愈合的心灵创伤。而这个时期,正是蒲松龄南游作幕归来的七、八年间,也是他一生最艰苦的时期。再如,蒲松龄一生孜孜于科举考试,饱尝其中辛酸,于是便有了《叶生》《席方平》《王子安》《贾奉雉》等一系列书生故事。他在毕际有家坐馆,常常深夜孤灯,寂寞之感弥漫于草木之上,也便有了许多《聊斋志异》中最为引人入胜的人鬼之恋、狐妖之爱和草木之情。比如《红玉》《青凤》《花姑子》《黄英》《婴宁》《小翠》《阿宝》《颜氏》等等。如今看来,《聊斋志异》中最为脍炙人口的故事,最为意蕴深邃、结撰精妙、后世传诵的名篇,大都是属于这一部分,再比如《梦狼》《罗刹海市》《促织》《公孙夏》等等。

综上所述,《聊斋志异》作为一部成就不凡、内容独特的"孤愤之书",在蒲松龄几十年的笔耕不辍中渐渐成形,其素材来源主要有上述四个方面。这四个方面在许多作品中是相互结合的。换言之,蒲松龄常常把耳闻故事、前人作品、亲身经历和凭

空想象杂糅到一起,通过高超的艺术加工,形成独具个性的艺术作品。

2. 时代关照

《聊斋志异》作为一部"孤愤之书",蒲松龄倾注在作品中的不仅仅关乎于己、悲怜自叹的情感,更多则是融入了时代的针砭,"抒劝善惩恶之心",从而揭露世情黑暗,公道不彰。在这部小说集中,虽然都是谈狐说鬼的荒诞幻想,但内容却深深地扎根于现实生活的土壤之中,曲折地反映了蒲松龄所生活的时代的社会矛盾和人民的思想愿望,熔铸进了作家对生活的独特的感受和认识,寄托了蒲松龄一生从现实生活中产生的深沉和孤愤。

(1) 刺贪刺虐

正如郭沫若先生给《聊斋》的评语所说:"写鬼写妖,高人一等;刺贪刺虐,入木三分。"蒲松龄一生关怀世道、秉性伉直,勇于仗义执言,于是,抒发公愤、刺贪刺虐也成了《聊斋志异》的一大主题。

蒲松龄生活的时代,是明清易主后前后的大动乱时期。从李自成、张献忠揭竿起义到吴三桂引清兵入关,再到康熙皇帝剿灭"三藩",波及全国的战争整整持续了半个世纪之久,阶级矛盾和民族矛盾异常尖锐。当时社会政治的腐败、官吏的贪虐、豪强的横行霸道、民生的痛苦无奈,都被蒲松龄融进了幻化的世界中,借狐鬼花妖之笔暴露贪官酷吏的贪婪、残忍、酷毒以及带给人民群众的无穷灾难,他所批判的对象,上有宰相、皇帝,下有官卑职微的县学训导,几乎囊括了封建官府的各级官员及其

爪牙。

《促织》通过成名一家为捉一头蟋蟀"以塞官责"而经历的种种悲欢离合，从一个侧面暴露了封建统治者的荒淫昏庸。篇中前半部分叙写的是由"宫中尚促织之戏，岁征民间"造成一幕民间惨剧；后半部以幻化之笔，叙写一头神奇善斗的促织使皇帝大悦，抚臣受到宠遇，县令以卓异闻，不幸丧子、献虫的平民也得到了厚爱。前后两部分合起来，便表现了一个严肃的主题："天子一跬步，皆关民命，不可忽也。"其中也有对邀宠媚上而残民的官僚的讥讽，他们是以百姓的血泪换得奖赏的，作者最后冷语刺骨地说："天将以酬长厚者，遂使抚臣、令尹并受促织恩荫。闻之：一人飞升，仙及鸡犬。信夫！"可见作者对官僚的怨怒之深。

《公孙夏》写王子的门客、与督抚有故交的公孙夏，劝说一位太学生行冥贿、图阴官的荒诞故事，将现实社会中官场的肮脏交易作了讽刺性的揭露。

《续黄粱》沿袭唐传奇《枕中记》的故事框架，而题旨则由富贵如梦的启示，转为极写朝廷宰辅大臣擅作威福，"荼毒人民，奴隶官府"，无恶不作的罪恶。曾孝廉，梦中作了宰相，便作威作福，草菅人命，侵人田产，夺人妻女，卖官鬻爵，所得的钱财竟然有320万。

《席方平》借阴司写人间官府尽是贪赃枉法，施虐无辜，通过席方平魂赴地下，历尽曲折，为父申冤的经历，也写出了人民的痛苦无奈，虽然写的是幽冥，其实是现实的反映，篇中二郎神对城隍、郡司、冥王的判词，实际上胜过声讨地方官僚的檄文。

《梦狼》写白翁梦中到做县令的儿子的衙门，见"堂上堂下，

坐者卧者，皆狼也。又视墀中，白骨如山，益惧。"他的儿子也是一只被敲掉了牙齿的斑斓猛虎，后来得知自己的儿子正是老翁做梦那天跌落牙齿的，这显然将"官虎吏狼"的主题以暗喻的形式，敷衍开来。最后，异史氏在篇末又道："窃叹天下之官虎而吏狼者，比比也。即官不为虎，而吏且将为狼，况有猛于虎者耶！夫人患不能自顾其后耳；苏而使之自顾，鬼神之教微矣哉！"

《伍秋月》描写王鼎入冥府，目睹皂隶肆虐，愤而杀之。篇末"异史氏曰：余欲上言定律，'凡杀公役者，罪减平人三等。'盖此辈无有不可杀者也。故能诛锄蠹役者，即为循良，即稍苛之，不可谓虐。况冥中原无定法，倘有恶人，刀锯鼎镬，不以为酷。若人心之所快，即冥王之所善也。岂罪致冥追，遂可幸而逃哉！"作者认为杀这样的官役可以免罪，可见，作者对酷吏贪官的厌恶与批判几乎到了偏激的地步，异史氏借助荒诞无稽的鬼狐故事，宣泄胸中的"奇气"，抒发其忧愤幽思之情怀，于是在《聊斋志异》中便自然而然地出现了这许多痛斥官吏的篇章。蒲松龄一生不仕，穷困潦倒，对于下层平民百姓的疾苦心酸体味可谓是刻骨之至的，而常年的塾师生活又使他直接或间接地接触到上层官场，尤其是南游宝应的一年，所历所睹，使蒲松龄对官贪吏虐、乡绅为富不仁，感受特别深刻，从这一角度出发，《聊斋志异》名副其实是一本"孤愤之书"。

(2) 批判科举

蒲松龄一生困于场屋，感受最强烈的是科举的弊端在于考官的昏庸，黜佳才而进庸劣。《聊斋志异》中许多篇章对科场考官冷嘲热讽，不遗余力，"嬉笑怒骂，皆成文章"。

首先，蒲松龄19岁进学，文名日起，却屡应乡试不中。他饱

蒲松龄

受考试的折磨，一次次名落孙山，也在这屡败屡战的科场中无比深刻的体会着其中的炎凉世态，无比强烈的愤恨着天道不公、也无比嘲笑地感受着考官的不学无术、颟顸无能，因此，在《聊斋》关于科举和士子的篇目中，蒲松龄将笔端直指科场的衡文不公和考官的贪污受贿，对考官的陋劣无文和鄙琐势力的社会风气进行着无情的揭露与批判。

《考弊司》中考弊司司主在厅堂上书"孝悌忠信，礼义廉耻"，而私下里却按成例纳贿，对于贿银不丰或者贿礼太薄的秀才，便要割髀肉一片，"成例钱"。《辛十四娘》中的楚银台公子因为父亲在朝廷为官，便以劣文章轻易考中第一名；《素秋》中韩侍郎之子为娶美妾，公然向堂姐夫"许为买乡场关节"，可见，卖官鬻爵之风照应着蒲松龄的时代也是日益鼎盛。《于去恶》中更是将帘官比作"乐正师旷"和"司库和峤"，前者是个盲人，后者是个钱癖，士子若想考取功名，必须要先向这两位行贿。而得到功名的人们"目不睹坟典，不过少年持敲门砖，猎取功名，门既开则弃去，再司簿书十数年即文学士，胸中尚有字耶"！没有真才实学的庸碌之徒以八股文为敲门砖，在猎取功名，掌握文柄之后，再大量录取凡庸之辈，导致了科场中"陋劣悻进，而英雄是失志"的恶性循环。这也是科举制度让蒲松龄以及和他一样满腹诗书，文采奕奕的书生们倍感失望的重要原因之一。再如：

《司文郎》以嬉笑怒骂之笔，描写一个瞎眼和尚能以鼻嗅出文章的优劣，秀才王平子"敦习益苦"，但科第总是失败。但盲僧嗅其文，却大为赞赏，认为一定可以高中，而狂妄自大的余杭生写出来的文章送给盲生鉴别，僧嗅其余灰，咳逆数声，曰："勿再

投矣！格格而不能下，强受之以膈；再焚，则作恶矣。"但数日放榜，余杭生令盲僧作呕的文章竟然高中，而秀才王平子的好文章却被考官罢黜，于是盲僧感叹道："仆虽盲于目，而不盲于鼻；帘中人并鼻盲矣"也就是说，考官不仅"盲于目"，而且"盲于鼻"，致使文运颠倒，才子落地。这是讽刺考官一窍不通。

《贾奉雉》则通过贾奉雉落第与中举的前后对比，反衬出考官的荒谬无文。贾奉雉"才名冠一时，而试辄不第"，写得锦绣文章却总是屡试不第，偶遇一位异人郎生，深知科举弊病，于是他按照考官们的喜好，让贾奉雉"于落卷中，集其冗泛滥不可告人之句，连缀成文"，并肯定地说"帘内诸官，皆以此等物事进身，恐不能因阅君文，另换一副眼睛肺肠也。"也就是说，科举考试不论文章好坏，重要的原则是投其所好，再差的文章也能得中。贾奉雉照他所说，把最俗烂的句子穿缀成文，竟然真的中了经魁。放榜后，贾奉雉再读那篇文章，简直汗流浃背，羞愧难当，"以金盆玉碗贮狗矢，真无颜出见同人"。竟"不告妻子，飘然遂去"。可见，考场之上荒唐竟至何等地步？

《聊斋志异》中几十篇科举相关的作品，大都凝聚着蒲松龄浓厚的感情，表达了文人一生久困场闱，长期被黜的辛酸与苦楚。他毫不夸张矫饰地通过自己的切身体会和细致观察，对科举制度的弊端，进行了无情的揭露与批判，将自己一腔愤懑之情痛泄于文字之间，对应于当时科场的种种黑暗，考官们种种龌龊的受贿，读者不禁在蒲松龄的故事中拍案，也不禁为天下寒士轻轻叹息。但是我们在肯定《聊斋》故事的成就、肯定作者蒲松龄敢于直言，勇于批判的同时，也应该注意到其中思想的局限性，蒲松龄作为一个不第秀才，他对科举考试的感触和看法多少是带着主观性评

判的，也经常用宿命的观点来解释读书人在考场中的不幸，或许这一点恰恰为《聊斋》带来了浓厚的浪漫主义色彩，而蒲松龄在批判科举的同时，并没有像吴敬梓那样根本否定这一制度，他还是这种制度的拥护者，如在《新郑讼》中公然为八股文辩护，他举进士石宗玉判案精明。或者说，蒲松龄对于科举的批判仅在于科场舞弊、考官昏庸，根本没有触及到本质。

其次，蒲松龄在《聊斋志异》有关科举的故事中，塑造了众多得意与失意的士子形象。但其中着墨最多的还是和作者自身一样，屡试不第、正直不阿且怀才不遇的穷困书生。

《聊斋志异》中《司文郎》《贾奉雉》等篇对科举考试进行的深刻剖析，俨然是他自己亲身经历的真实写照，及至《叶生》《王子安》甚至就是蒲松龄自身境遇的移植与复制。《叶生》中叶生"文章辞赋，冠绝当时，而所如不偶，困于名场"，知县丁乘鹤欣赏他的文才，有意提携之下，叶生在科试上取得了第一名。乡试后读己之闱墨仍旧击节称叹，但是放榜之后，"依然铩羽"。后来，叶生作了知县儿子的塾师，在他的教导下，丁公子步步高中，他的运气也扭转过来，终于考中了举人，而衣锦还乡之时，妻子见他不禁大惊失色："君死已久……勿作怪异吓生人"。到头来只是魂梦一场。清代评点家冯镇峦评论《叶生》时说：

> 余谓此篇即聊斋自作小传、故言之痛心……先生老于文场，持论至此，如闻呜咽。

可谓一语中的。蒲松龄把自己困顿不解的科考梦想在叶生身

上放大之极，写得满纸呜咽，凄怆悲痛，极富悲剧意味。同时，借叶生之口道出了全文的主旨，也是蒲松龄体会了大半生才悟出的道理：

> 是殆有命！借福泽为文章吐气，使天下人知半生沦落，非战之罪也，愿亦足矣。且士得一人知己可无憾，何必抛却白纻，乃谓之利市哉！

蒲松龄的命运其实是当时千万士子命运的小小缩影，极具广泛性与代表性。士子们怀才不遇、报国无门的怨怼郁积于心，死不瞑目。比如《素秋》蛀书虫化作的书生俞忱，19岁入科场，三试第一，他的文章被倾慕者争相传诵，但乡试却始终被黜，最后愤懑而死。蒲松龄将这种怨念、怨毒也化在自己的小说中，成就了《三生》千鬼万魂"悲鸣号恸"，接连三世，冤结不解的壮观场面。

一篇文章的成功，便平步青云，名利双收，科举考试这种莫大的诱惑，致使像蒲松龄这样屡战屡败、屡败屡战的士子们在反复的打击折磨中依然执迷不悟。蒲松龄一生都在为这神奇的诱惑左右着，他的喜怒哀乐也都围绕着这种无法摆脱的情感。于是，对此体会至深的蒲松龄便将这种情愫熔进自己的文章中，也就有了《聊斋志异》中脍炙人口的名篇《王子安》。

东昌名士王子安临近发榜，酒后入梦，梦见自己中进士、点翰林，被狐仙戏弄跌落床下，蒲松龄在此篇末尾连用七个比喻，把秀才入场前后的窘态心况形容得入木三分。苦涩之中，充满了无限感慨与哀怜：

蒲松龄

异史氏曰:"秀才入闱,有七似焉:初入时,白足提篮,似丐。唱名时,官呵隶骂,似囚。其归号舍也,孔孔伸头,房房露脚,似秋末之冷蜂。其出场也,神情惝怳,天地异色,似出笼之病鸟。迨望报也,草木皆惊,梦想亦幻。时作一得志想,则顷刻而楼阁俱成;作一失志想,则瞬息而骸骨已朽。此际行坐难安,则似被絷之猱。忽然而飞骑传人,报条无我,此时神色猝变,嗒然若死,则似饵毒之蝇,弄之亦不觉也。初失志心灰意败,大骂司衡无目,笔墨无灵,势必举案头物而尽炬之;炬之不已,而碎踏之;踏之不已,而投之浊流。从此披发入山,面向石壁,再有以'且夫'、'尝谓'之文进我者,定当操戈逐之。无何日渐远,气渐平,技又渐痒,遂似破卵之鸠,只得衔木营巢,从新另抱矣。

刚进考场时,光着脚提着考篮,像乞丐;点名时,考官训斥,隶卒责骂,像囚犯;等回到考试的号房,一个一个号房上边露出脑袋,下边露出脚丫,像秋末快要冻坏的蜜蜂;等出了考场,神情恍惚,觉得天地都变了颜色,像出笼的病鸟;等到盼望发榜,草木皆兵,做梦也总是幻想考中——有时想到得志,顷刻间楼阁亭台都有了,想到失意,瞬息间骨头都烂了,这个时候坐卧难安,好像是被拴住的猴子;忽然,飞马来报考中的消息,报条里却没有我,这时神情突然变了,灰心丧气,像服了毒药的苍蝇,再怎么摆弄它也没感觉;刚刚失败时,心灰意冷,大骂考官没眼光,笔墨没灵验,势必把案头的书都烧了,烧了还不解气,还要撕碎

了用脚踏，用脚踏还不解气，一定要把这些书丢到脏水里，从此披发入山，面向石壁，再有人把八股文拿给我，必定要把他轰走，没多久，气渐渐平了，想求功名的想法又起来了，就像是跌了蛋的斑鸠，只好衔木营巢，重新另抱窠。此段文字字字皆是蒲松龄一生的切身体会，更是他一生无法释然的科举情结。

再次，蒲松龄对科举的鞭笞、批判，并不意味着他对这条充满诱惑的功名之路，持放弃态度。《聊斋志异》中仍然有许多得意书生，即便是狐女之恋的爱情故事中，也常常于不经意间流露出作者的些许期冀：

蒲松龄在潜意识中肯定士子的苦读精神，对于传统"书中自有颜如玉"观念是深刻认同的，因而也能在他的作品中自然流露出来：《书痴》中的郎玉柱"不治生产，积书盈屋，昼夜研读，无间寒暑"。从书架上拿下《汉书》，翻到第八卷，里边夹着个纱帛剪的美人，背面写着"天上织女"，突然，这纱剪美人从书本上折腰而起，飘然而下，自称"颜如玉"。当然，"书中自有黄金屋"在蒲松龄几乎被科场摧毁的希望里也似有似无的飘荡着，他在《聊斋》中也安排了一些清贫士子入官作相的"喜剧"。如《青梅》中寒士张生官拜侍郎；《封三娘》中秀才孟生位居翰林，《姊妹易嫁》的毛公官做到宰相。这些对于一生不第的蒲松龄来讲或许代表着内心闪烁的希望，亦可能是作者心底无力却必需的一种安慰罢。

3. 真爱理想

蒲松龄在《聊斋志异》中写了大量优美的爱情篇章，其数量约占《聊斋志异》作品总量的四分之一左右，是《聊斋志异》中

蒲 松 龄

篇幅最多、写得最精彩的部分。这些作品中蒲松龄把人的性格同花妖狐魅等原型的特征完美地结合起来，以丰富的想象力建构离奇的情节，同时又善于在这种离奇的情节中进行细致的、富有生活真实感的描绘，塑造生动活泼、人情味浓厚的艺术形象。正是鲁迅先生在《中国小说史略》中作出的评价："使花妖狐魅，多具人情，和易可亲，忘为异类，而又偶见鹘突，知复非人"。因此，《聊斋》故事中有了一系列浪漫动人的狐鬼与人恋爱的美丽故事，也出现了许多生动可爱的"特殊女性"形象，而更值得我们关注的是，蒲松龄在描写爱情故事、塑造女性形象的同时也将自己的真爱理想和女性观念融入到作品之中，呈现出丰富的心理内涵。

首先，"痴情"是蒲松龄衡量真爱的最高标准。可以说，受晚明"至情论"影响颇深的蒲松龄在有意无意间传承和发展了汤显祖"情不知所起，一往而深"以及冯梦龙"情之至极，能动鬼神"的观念，在《聊斋志异》的多篇作品中也都贯穿着作者"人不能贞，亦其情之不笃耳"的中心论调，故事中的主人公亦对真情真爱勇敢追求，百折不挠。其中最具代表性的就是家喻户晓的《香玉》篇。

《香玉》这个牡丹花妖与落寞书生的爱情故事，全篇围绕香玉、绛雪与黄生生生死死、悲欢离合的故事展开。香玉本是一株被道士"闭置山中"的白牡丹花，黄生因爱慕它而写下"无限相思苦，含情对短窗。恐归沙咤利，何处觅无双。"的诗句，香玉为其才华倾倒，便"与风流士长作幽会"。黄生原不知香玉是花妖，但不久这株白牡丹终因游人爱赏而被连根掘去，不久萎悴。黄生才得知真相，但他并不以异类而震惊，反而懊恼自己未能及早保

护，于是"寝食俱废"，"日日临穴涕洟"并作哭花诗五十首，这种生死不渝的深情打动了另一株花妖绛雪，净化了她"年少书生，什九薄幸"的心灵。在香玉的托付下，成了黄生的红颜知己，在绛雪的观念里，男子不仅要有才华更应该至情至性，"以情不以淫"，她与黄生的爱情更着重于精神上的结合，而后，白牡丹香玉复活，绛雪又能成人之美，全身而退。黄生死后葬于白牡丹花下。但可惜道士"不知爱惜，斫去之"，白牡丹最终也憔悴而死。可以说，蒲松龄在这个故事里倾注了很多惊世骇俗的"真爱"理想：至情至性，生死相随、为爱而生、为爱而死、成人之美……他在文章结尾又补充道：

  异史氏曰：情之至者，鬼神可通。花以鬼从，而人以魂寄，其非结于情者深耶？一去而两殉之，即非坚贞，亦为情死矣。人不能贞，亦其情之不笃耳。仲尼读唐棣而曰"未思"，信矣哉！

  意思是说，鬼和神仙都是有感情的，香玉死后变为花之鬼，仍然相从，而黄生死后寄魂于香玉之侧，香玉和绛雪二人相继殉情而死，如有至情，自然能够坚贞相爱。此外，再如《鸦头》篇。鸦头是一个沦落风尘的少女，爱上了书生王文便义无反顾的与他私奔，虽然鸦母百般折磨阻挠，始终矢志不二。

  不仅女性对此执著勇敢，此类故事中的男主人公也是痴情一片。《阿宝》中的孙子楚，爱上了富商的女儿阿宝，因情离魂，形影不离其左右，终是有情人成了眷属，不想婚后孙生因病而死，阿宝也自缢殉情，二人的痴心终于感动了冥王，令其复生。蒲松

龄对孙子楚的"痴"大加赞扬，文章结尾，异史氏曰："性痴则志凝，故书痴者文必工，艺痴者技必良。"再有，《连城》中的乔生听说自己痴爱的女子连城，生病需要男子胸口上的肉来当药引子，便"闻而往，自出白刃，到膺授僧，血濡袍袴。"不幸的是，连城还是因病死去，乔生"往临吊"、"恸而绝"。到了阴间，遇到可以返魂人世的机会，他却坚决地说："有事君自去，仆乐死不愿生矣。但烦稽连城托生何里，行与去俱去耳。"乔生的爱达到了生死不渝的地步。还有《鲁公女》中书生张于旦，爱恋鲁公女，不畏女子暴卒，日夜祈祷，人鬼相恋。鲁公女后托生河北卢家，张于旦足足等了15年，再次相见却又遭鲁公女死亡，于是又招魂托梦，终得复活，结为伴侣。

在这些故事中，男女主人公为了争取爱情和婚姻的胜利，可以死，可以生，可以死而复生，可以生而复死，即使变成异类，依然一片深情，终不动摇。可以说，在蒲松龄的内心深处，是笃意于惊天地、泣鬼神的至情至爱的。

其次，批判是蒲松龄情爱故事的内在主题。

《聊斋》中的爱情故事往往在凄美迷幻的表层下掩藏着犀利的现实批判，这批判有的是针对外在封建势力，有的则将矛头对准了内在的人性摧残。

《青凤》《长亭》篇就是批判封建家长包办婚姻、以儿女为私产而戕害人性的有力篇什，《阿纤》《王桂庵》等则是谴责重门第出身而不重人品的阶级偏见，《聂小倩》《连锁》《细侯》等都十分有力的斥责了社会恶势力摧残幸福爱情生活的罪恶。这些外在的恶势力在蒲松龄笔下受到严厉批判的同时，也在主人公奋起抗争的坚持中遭到艺术分解。《阿宝》中的富豪少女阿宝为孙

子楚真挚的情感所感动，坚决对父母说："儿既诺之，处蓬茆而甘藜藿，不怨也。"最后不惜以死殉情，成就美眷。此外，《连城》《晚霞》两篇在此更是极具代表性。

《连城》篇中，史孝廉之女连城知书达理，精工刺绣，爱上了偃蹇秀才乔生，不顾父亲反对，"逢人辄称道"、"并遣媪矫父命，赠金以助灯火"。后来，父亲强迫她嫁给盐商之子，连城以死殉情。死后她的鬼魂向乔生表示："不能许君今生，愿矢来世。"当她有了再生的机会，考虑到婚姻仍可能不如愿，便大胆主动地"先以卑报"，与乔生结合。还魂后的连城对父亲紧决地表示："如有变动，但仍一死。"

《晚霞》中阿端和晚霞都是落水而亡后被龙宫所收的歌舞艺人，由跳舞相识，又由于出众的舞姿而互生爱慕。但二人的身份始终是龙宫的奴隶，幽会尚且隐秘于荷田之内，鬼恋艰难，转入人间就更多波折。后晚霞被某王所夺，欲使晚霞传技，晚霞陈述自己和丈夫都是人间之鬼，但却没有得到某王的释放，终以自毁容貌作为代价得到了自由。

除了对外在环境、社会恶势力的鞭挞以外，蒲松龄将自己的批判之笔深入到了人物内心，他强烈抨击着被外界压抑与束缚的虚假人格，高度赞扬那些绝假存真的自然天性。于是丰富多彩的聊斋故事中便出现了光耀后世的一个名篇《婴宁》。

"婴宁"之名来自《庄子》。所谓的"撄宁"，即是指一种得失成败都不动心的精神境界。篇中的婴宁爱笑，逢人就笑，在户外"哧哧笑不已"，在树上"狂笑欲坠"，笑得"不能自止"，笑得"不可仰视"，她的笑和林黛玉的哭一样在中国古代小说世界中家喻户晓。蒲松龄在自己塑造的众多女性形象中，对婴宁极度

的偏爱，甚至公然在文中称"我婴宁"，可以说，在婴宁率直、纯真、浪漫的美好人性背后，是蒲松龄对于一种完美人性的执著的追求，更是不愿与世俗同流合污的人格表达。婴宁从小生活在一个与世隔绝的环境下生长，没有礼教的熏染，也没有世俗风气的侵浊，不懂人情世故，只有自然与清纯。这时的婴宁是自由的，她那爱美爱笑的个性得到最大限度的发挥，而她来到险恶的人世，嫁作人妇以后，因自己的不拘礼法，随心而笑，几经教训，便"矢不复笑"，甚至于"虽故逗，亦终不笑"的地步。这一转变正好是她从原来生活的自然状态转入世俗社会后所形成的结果，婴宁的"不复笑"就是对这种世俗环境的无言抵制和反抗，笑声的消失其实在一定程度上反映了作者理想人生的幻灭，蒲松龄对此痛心疾首，怜爱之情溢于言表，他在文章最后道："我婴宁殆隐于笑者矣"。婴宁在笑声中隐身，在笑声中泯灭，这是蒲松龄对天性、自然地扼腕痛惜，是对封建礼教发人深省的辛辣控诉。

再次，女性是蒲松龄着力歌颂的主要对象。《聊斋》爱情故事中的女性，多属异类，不是鬼魅魂魄，便是狐女花妖。这些"特殊女性"在爱情与婚姻面前往往突破传统、打破藩篱，摆脱礼教的束缚，大胆追求，率性而为。人类难以肆意的深挚的情感在她们身上表现得更具理想性化，时刻充满着浪漫与自由的气息：

她们置礼法于不顾，或者"夜扣书斋"，与心爱的书生相会，如《绿衣女》《连琐》《香玉》等，大体都是写一位书生或读书山寺，或书斋临近郊野，忽有少女来到，或吟唱，或嬉戏，给寂寞的书生带来了欢乐。或者"花梯度墙，遂共寝处"。《荷花三娘

子》中的宗湘若与狐女认识后，询问狐女的姓氏，狐女则说："春风一度，即别西东，何劳审究，岂将留名字作贞坊耶！"

她们没有嫌贫爱富的观念，所钟情的往往都是穷困偃塞的书生，抑或是衣食难全的底层市民。他们对于爱情坚贞不渝，敢于抗争，对于生活则安贫乐道，属意于美满和谐的生活。如《翩翩》中的仙女与罗子浮结合后，相夫教子，满足于天伦之乐，她在儿子的婚宴上扣叉而歌："我有佳儿，不羡高官；我有佳妇，不羡绮纨。"《细侯》中沦为娼妓的女子细侯，对心仪的书生说："妾归君后，当长相守，勿复设帐为也。四十亩聊足自给，十亩可种黍，织五匹绢，纳太平之税有余矣。闭户相对，君读妾织，暇则诗酒可遣，千户侯何足贵！"这些朴实的理想却恰恰表现了高尚的人生情趣。

她们美丽多情而又独立自主。在婚姻和爱情的问题上，她们倾力付出，不计回报，摆脱了肉体的性束缚，从而上升到精神恋爱的纯粹层面。

第一，《聊斋志异》中爱情往往是基于共同的爱好：《晚霞》中的阿端和晚霞都是龙宫中的舞者，由跳舞相识，又由于出众的舞姿而互生爱慕。《宦娘》中的温如春和良工都是通晓音律之人，他们在同样爱好音乐的女鬼宦娘的帮助下结成了夫妇。《白秋练》中慕蟾宫和白秋练都爱吟诗。《小谢》更是事无巨细的描写经过一段自由接触后，男女主人公才逐步萌生了爱情的经历。

第二，《聊斋志异》中出现了打破传统的红颜与蓝颜之恋。这是一种不以婚姻结合为目的的纯粹精神恋爱。《宦娘》篇中，成人之美的宦娘与书生温如春是真正的红蓝之恋，《香玉》中为爱献身的绛雪与黄生更可谓超越伦理，《娇娜》中娇娜和孔雪笠

的友谊便是后人极度称道的"腻友"。连蒲松龄自己都不禁感叹："余于孔生，不羡其得艳妻，而羡其得腻友也。观其容，可以疗饥；听其声，可以解颐。得此良友，时一谈宴，则'色授魂与'，尤胜于'颠倒衣裳'矣"。

她们对待爱情的态度是极度认真而严肃的，她们在自己的感情世界里一定要得到丈夫的信任与尊重，否则便恩断义绝，从不犹豫怜悯。比如《小翠》中小翠百般护卫公婆一家免遭政敌的陷害，却因为打碎一只玉瓶而遭到公婆"交口呵骂"，于是"盛气而出，追之已杳"。《葛巾》中的花神葛巾，得知丈夫暗地查房自己的底细，自尊心受到严重伤害，于是义正词严："今见猜疑，何可复聚"，然后"举儿遥掷之""儿坠地而没"。性格刚烈的女性在蒲松龄笔下屡见不鲜，最值得一提的是《王桂庵》的妻子芸娘。芸娘出身贫寒，与世家子弟王桂庵的结合纯属多情所系，她对这段感情的谨慎和执著到了一种十分极端的程度。婚后他们北上渡江，途中王桂庵正色与妻子开玩笑说家中已有妻子，芸娘"色变，默移时，遽起，奔出，王蹑履追之，则已投江中矣"。这样为人格与自尊拼命地女性在整个中国文学殿堂里依然是熠熠生辉的。

她们往往具有超人的智慧与胆识，《张鸿渐》中的方氏，洞察世事，头脑异常冷静。丈夫为同学鸣冤诉状，她审时度势的劝谏说："大凡秀才做事，可以共胜，而不可以共败：胜则人人贪天功，一败则纷然瓦解，不能成聚。今势力世界，曲直难以理定；君又孤，脱有翻覆，急难者谁也！"。《商三官》中商三官的父亲因获罪豪门而被活活打死。她的两个哥哥屡讼于官府，但始终得不到申冤。三官感到官府黑暗，无法靠此伸张正义，于是扮作优

伶，乘仇人庆寿将其杀死，为父报仇。此种胆识和壮举，正如蒲松龄自己所感叹："三官之为人，既萧萧易水，亦将羞而不流，况碌碌与世沉浮者耶！"《白秋练》中白秋练追求慕生，一番富有哲理的言辞掷地有声："妾窥之审矣：天下事，愈急则愈远，愈迎则愈拒。当使意自转，反相求。"不仅成功的利用商人唯利是图的特性达成心愿，也将外界的阻挠轻而易举的化解。而《颜氏》中蒲松龄更是将颜氏塑造成一位反传统破常规的女学士形象。而对颜氏的丈夫，蒲松龄则连名字都懒提及，只称他为"某生"。颜氏对丈夫的愚钝无才非常苦恼，豪迈地说："君非丈夫，负此弁耳。使我易髻而冠，青紫直芥视之！"就是说如果她是男子，考个功名，就像捡根草棍一样容易。于是，颜氏真的女扮男装冲进闱场，第一年中顺天府第四名举人，第二年中进士，派做桐城令，政绩杰出，升河南道掌印御史，富比王侯。蒲松龄通过颜氏把封建重压下妇女被压制的才能充分地表现出来：有文才，可以在制艺文上超过男人；有治国才干，吏治超出男子。但文章末尾蒲松龄妙笔一转，让颜氏把功名献给了丈夫。与其说这是蒲松龄狭隘的男权意识，不如说这是愤懑文人笔下的历史真实吧。

总之，蒲松龄以自己的大胆想象为后人留下了一片芬芳四溢的真情净土，在《聊斋志异》奇瑰浪漫，又丰富多彩的爱情世界里，不仅有梦幻的憧憬，更有现实的犀利，蒲松龄赋予《聊斋》以及聊斋女性的，是非常耐人寻味的、华丽而深刻的内涵。

4. 伦理批判

蒲松龄所处的时代已经渐渐走向封建社会的末期，世情如鬼、道德沦丧，封建伦理在江河日下的时代危机面前也显露出虚伪、

蒲松龄

冷酷的嘴脸。蒲松龄大半生的塾师生活也使他对家庭生活、社会风气异常关注，对于人情世态更是有着强烈的敏感度。于是，《聊斋志异》中便出现了许多讥刺丑陋现象，颂扬美好德行的故事，而这些篇章则少用幻化之笔，多是直写现实人生，爱憎褒贬非常鲜明。

首先，儒家宗法伦理观念是蒲松龄道德批判的中心标准。《聊斋志异》中反映出的伦理道德思想其实是相当复杂的，甚至有时是自相矛盾的。蒲松龄一生热衷功名，是名副其实的孔孟儒生，而在他自身超脱的精神世界中，又杂糅着丰富的释道观念，因此，《聊斋志异》的这类故事中既融入了作者对新道德的憧憬和追求，也有极陈腐的儒家道德的说教，这两种思想交织于作品之中，不能剥离，也不能偏信。

"舍生取义"的义利观。《田七郎》中猎户田七郎家道贫寒却义薄云天，身怀绝技，武功较高，他本不想接受武承休的恩惠，却因故无法推却而与之往来，后来，恩人遭人陷害，性命堪忧，田七郎挺身而出，在给母亲送终后扑杀了恩公的全部仇家，又因不想牵连武承休，自己仗剑刎颈身亡。蒲松龄赋予这个故事浓重的悲剧内涵，同时也显示出自己对社会交往的道德标准，即"受人知者分人忧，受人恩者急人难。富人报人以财，贫人报人以义。"更是对传统尽忠尽孝、大仁大义、知礼至爱、重于廉耻的儒家思想的极力崇尚。《崔猛》则是描写侠义之士崔猛对横行乡里的某甲抢夺人妻的恶行，不依不饶直到将其杀死才"掩扉熟寝"。蒲松龄将它塑造成鲁达一类草莽英雄形象，路见不平拔刀相助，但是，蒲松龄又仅仅片面地强调了崔猛的草莽义气，使之与鲁达一类为民请命的抗争精神存在着一定差距。《纫针》篇写商人妻

子夏氏不顾自己的经济条件、瞒着丈夫典质借贷，为帮助不相干的落难母女而亡的故事。蒲松龄热烈的讴歌这位伟大的女性，也在潜意识中肯定了她"生，我所欲也；义，亦我所欲也，二者不可得兼，舍生而取义者也"的传统美德。

"推己及人"的友爱精神。《水莽草》中开头交代："水莽，毒草也……误食之立死，即为水莽鬼。俗传此鬼不得轮回，必再有毒死者始代之"。祝生便是误服这种草而死亡的不幸之人。可他死后没有像其他水莽鬼一样再去害人，反而屡次救那些即将被他鬼所害的人。老母问他为什么，他说："儿深恨此等辈，方将尽驱除之，何暇为此？且儿事母最乐，不愿生也。"这种推己及人的儒家精神是蒲松龄一力赞成的，于是他给祝生安排的结局是因为善果而飞天成仙。《王六郎》中的水鬼王六郎与祝生可谓异曲同工。王六郎同样需要找到溺死鬼代替自己超生，但是看到溺死的妇女还有抛在岸边的婴儿"扬手掷足而啼"，顿生恻隐之心，于是救出水中妇女，使母子团圆。他的结局和祝生一样，天帝感动于他"有功人世"于是册封他为土地神，永世享受人间香火。

"敬长慈幼"的人伦思想。蒲松龄主张父慈、子孝、兄友、弟恭，并很自觉地宣传这种伦理，歌颂这种美德。如《张诚》篇写异母兄弟间的亲密无间；《湘裙》写晏仲兄弟同气连枝的关系；《细柳》篇写继母顶着流言蜚语，严格要求前房子女，终于使他成材；《仇大娘》写前房子女照顾继母，重振家业，都令人"听此事至终，涕凡数坠"。此外，像《孝子》《斫蟒》《珊瑚》等也都是这类故事中非常典型的篇章。而在歌颂家庭伦理和长幼美德的同时，蒲松龄将更为浓重的笔墨留给了它们的对立面，于是，

蒲松龄

《聊斋》中便出现了那些不仁不孝、不温不顺、不和不睦的家庭斗争，如《曾友于》中描写兄弟之间争夺财产而互相仇杀，闹得天翻地覆；《纫针》中纫针的母亲因贫困向两个弟弟求救，他们任凭胞姐和甥女的啼哭不置一词，无动于衷……；同时也出现了一系列孰不可忍的"悍妇"形象。最为突出的便是《马介甫》和《江城》两篇。

《马介甫》中的尹氏和《江城》中的江城都是在家里横行霸道，逞妒专房，以丈夫为奴仆，肆意欺凌，进而虐待姑嫜，咆哮厅堂"盛名文坛"的悍妇。尹氏残暴，"尊长细弱，横被摧残"。她对"年六十余而鳏"的公公"以齿奴隶数"，逼得老翁忍无可忍，只好"宵遁，至河南，隶道士籍"。她对自己的丈夫杨万石，"少迕之，辄以鞭挞从事"，对丈夫的妾室王氏更是暴掠无已，亲手打得王氏堕胎。对叔弟杨万钟亦毫无叔嫂之情，逼其遗孀改嫁。而《江城》中美女江城明眸皓齿，却阴险之极，又十分善怒，"反眼若不相识"，但丈夫高生"畏其美也"，"因爱故，悉含忍之"。江城便变本加厉，诟骂、挞逐已为常事，且悍及翁姑、姊妹、婢女、丈夫之同窗，甚至"针刺"高生"两股殆遍"且"以白足踏饼尘土中"叱丈夫拾吃。蒲松龄在写完此篇后仍旧不能自已，作《〈妙音经〉续言》继续抒发感慨，痛说悍妒之危害。另有，《阎王》中李常久之嫂，《邵九娘》中的金氏，《吕元病》中的孙氏，《珊瑚》中的安母及其二儿媳臧姑，还有《段氏》中的连氏等等。此外，这些故事从反面阐扬了蒲松龄的道德理想，在这一点上，作者的语言是犀利的，态度是严肃的。

其次，真善美的人性内涵是蒲松龄伦理批判的超越性思索。

第一，蒲松龄肯定心地纯真、朴素诚实的人格。《阿宝》中

的孙子楚，《端云》中的贺生，《聂小倩》中的宁采臣，《细侯》中的满生都是具有纯善人格的人物形象。

《乔女》中的主人公形体丑陋，而心性善良，承受着丑陋带来的不幸。年老而且贫穷的丈夫死后，她拒绝了亟待续弦的孟生的求婚，理由是"残丑不如人，所可自信者，德耳。又事二夫，官人何取焉？"孟生"益贤之，向慕尤殷"，她终未相许。然而，当孟生暴卒后，她却前往哭吊，并在孟家遭到欺凌时，挺身而出，为之护理家业，抚育幼子至成人。以丑女作为正面颂扬的主人公已是小说中的超俗之作，写她未许身再嫁，却许之以心，实际上做了孟生的没有名分的"未亡人"，作者和他的小说人物一样，都已走出了旧道德的藩篱。

第二，蒲松龄鄙视那些虚情假意、欺世盗名的市侩之辈。"市井人作文语"、"秀才装名士"、"财奴哭穷"、"假人余威装模作样"，这些都是蒲松龄在《沂水秀才》篇末罗列出的几件"不可耐事"。而这类故事在蒲松龄的笔下被艺术的夸张放大，使潜藏在故事背后的假、恶、丑暴露无遗，如《浙东生》中向来以胆力自诩的房某，遇到一只狐狸便"恐极而死"；《嘉平公子》中外表"风仪秀美"的嘉平某公子，其实胸无点墨，甚至"椒"、"菽"不分，"姜"、"江"不辨，屡屡闹出笑话；《公孙夏》中假惺惺的官吏卖官鬻爵，干着肮脏的交易，却口口声声说"清廉谨慎"。《云翠仙》中的梁有才为得到美丽的云翠仙母亲，虚情假意，指日为誓，结婚后则判若两人，不仅饮博无度，竟然要卖妇为娼。《武孝廉》中的石某谋职途中疾病垂危受狐女所救，得官之后却恩将仇报，欲骗之杀之。《阿霞》中的景星为娶新欢阿霞，不惜以虐待手段休妻……这些人在故事的结尾都受到了应有

的惩罚，蒲松龄也在这些畸形社会的畸形产物中向人们传递着一个关乎真善美的人格信息，劝善惩恶也是《聊斋志异》这类故事的重要主题。

此外，《聊斋》中还有众多类似寓言故事的篇目也意在劝善惩恶，如《画皮》戒人贪色，《崂山道士》讽刺人的心术不正，《黑兽》哀叹百姓的麻木，《赌符》则严厉地道出了赌博败家丧行的警戒之辞。

再次，喜剧讽刺是蒲松龄伦理批判的独特手段。《聊斋志异》批评世俗民情的作品，很少为儒家思想所局限，作品也很少有从抽象观念生发出来的概念化的成分，而是充满着淳厚的人生乐趣和人情味，有些作品由于比较超脱，往往富于幽默感，但内容却也丰富深刻。

《骂鸭》就是一篇代表这类手法的典型作品，白某因为偷鸭子吃而身上长出鸭毛，奇痒难耐，晚间受到神明启示，反复请求鸭子主人痛骂，但主人却偏偏涵养深厚不愿骂他，白某于是不得不备陈原因一再请求，鸭子的主人才骂了他，果然，身上的鸭毛也不见了。蒲松龄借世间竟有求骂之人幽默地讽刺了农村中偷邻居东西的不良行为，骂人变为施恩也暗暗讥讽了骂人成性的不良民风。他的态度是善意的，讽刺也是温厚的。此外，中"贪而无赖"的《饿鬼》，当上了学官；以偷盗发迹的《某乙》，竟被誉为"善士"……现实生活中种种关乎世风的不合理现象，在蒲松龄笔下都能呈现出可笑夸张的情趣，同时这些艺术的讽刺也带给人们深刻的思考。

总之，蒲松龄寓于《聊斋志异》中的道德伦理批判基本上是以儒家传统观念为中心的，但却不能一概而论的称其为儒家批判，

在众多的故事和人物中，蒲松龄的批判思想是超越传统和超越学派的自由思想，或许，有些篇章依然无法摆脱作者思想的局限性，但从宏观上来看，蒲松龄或者《聊斋志异》在一定程度挣脱了传统局限，在封建王朝的末路上奏响了时代的最强音。

五、志怪绝响

《聊斋志异》被纪昀称作"一书而兼二体",以传奇法写志怪,可见蒲松龄在《聊斋志异》文体的选择和创新上是颇费心思的,也恰恰是这种不同常规的笔法才成就了聊斋故事百花齐放的盛世,蒲松龄还将诗意的传统应用于小说之中,鬼有鬼境,花有花致,诗文相间,美不胜收。另外,聊斋语言又以独特的手法将雅俗并存,骈俪的诗文与口语化的文言交相辉映,使得《聊斋志异》成为中国文言短篇小说名副其实的巅峰之作。

1. 一书多体

《聊斋志异》共 500 多篇,虽然都是奇闻逸事、狐鬼花妖神仙故事,但其体式、题材、作法和风格却是多种多样,其中有简约记述奇闻逸事如同六朝志怪小说的短章,也有故事委婉、记叙曲微如同唐人传奇的篇章。在中国古代小说中属于用文言做成的志怪传奇小说一类。换句话说,蒲松龄的创作继承了六朝志怪小说和唐人传奇小说的文学传统,也吸收了其他文体的营养,在发展变异,传承与创新中,《聊斋志异》成为这一类小说中空前绝后的巅峰杰作。

《聊斋志异》这种异彩纷呈的文体状况在当时并非赞扬声一片，反受到当时文人的一些诟病与讥讽，其中最著名的就是著名才子纪昀的论断——"一书而兼二体"。即传奇体和笔记体共同存在。他的学生盛时彦在《姑妄听之》跋中引纪昀语：

《聊斋志异》盛行一时，然才子之笔，非著书者之笔也。虞初以下天宝以上古书多佚矣；其可见完帙者，刘敬叔《异苑》陶潜《续搜神记》，小说类也，《飞燕外传》《会真记》，传记类也。《太平广记》事以类聚，故可并收；今一书而兼二体，所未解也。小说既述见闻，即属叙事，不比戏场关目，随意装点；……今燕昵之词，媟狎之态，细微曲折，摹绘如生，使出自言，似无此理，使出作者代言，则何从而闻见之，又所未解也。

可见，以纪昀为代表的传统文人对蒲松龄的文体意识是不赞同的，但与此同时，纪晓岚也精确地说出了《聊斋志异》异于传统而独树一帜的艺术特点，即文体的多样性。

首先，《聊斋志异》中有一部分笔记体小说，虽然他们不代表《聊斋志异》的最高成就，但其数量却占据了整部作品的一半左右，这是不容忽视的。《聊斋》中的笔记体小说沿袭了六朝小说"粗陈梗概"的简略笔法，多为短篇小品文，如写鬼妖怪异的《耳中人》《尸变》；写社会上的奇人奇事如《小人》《男生子》；写自然界中的奇特现象如《地震》《蛐蜓》；也有写异域风土人情的《外国人》《沅俗》等等，这类短小的篇什，夹杂在长文巨篇之中，异彩纷呈，新鲜有趣，丝毫没有被《聊斋》名篇的光辉而

蒲 松 龄

被读者忽略。冯镇峦《读聊斋杂说》中对其评道："聊斋短篇，文字不似大篇出色，然其叙事简净，用笔明雅，譬诸游山者，才过一山，又问一山，当此之时，不无借径于小桥曲岸，浅水平沙"。

其次，最能代表《聊斋志异》文体特色的是有异于前代的传奇系列，特别是动辄数千言的长文，洋洋洒洒，内涵包罗万象，美不胜收。它们也是《聊斋》最精华的部分，也是"一书而兼二体"的另一种体现，即于传奇中渗透志怪笔法，也是鲁迅先生在《中国小说史略》中所谓的"用传奇法，而以志怪"。如《凤阳士人》与唐人白行简《三梦记》的情节基本相同，《续黄粱》显然脱胎于唐人传奇《枕中记》等，雷同的故事情节在蒲松龄的重新加工下又呈现出不同于前的崭新时代风貌。我们不妨细举一例进一步了解蒲松龄的妙笔之处：《聊斋志异·种梨》原本脱胎于《搜神记·种瓜》，比较这两篇小说，我们可以发现，《搜神记》里的人物没有语言，也几乎没有人物神态描写，而到了《聊斋志异》里，不仅有了人物语言，神态描写，甚至在作者的极力塑造下，人物的个性也开始鲜活起来。且看卖梨人不给道士梨的一段情节，《搜神记》只用了四个字："其主勿与"便一笔带过，但到了蒲松龄笔下，则敷衍为"乡人咄之不去，乡人怒，加以叱骂"，一个有情绪、有面孔的商贩形象跃然纸上。再如写树生长，《种瓜》里是极简练的一小句"俄而瓜生，蔓延，生花，成实"，而到了《聊斋》里则赋予植物一种潜在的生命意识："见有勾萌出，渐大；俄成树，枝叶扶苏；倏而花，硕大芳馥，累累满树"。此外，在《聊斋》中蒲松龄又加上了一个《搜神记》里没有的情节：摘完梨后道士砍树，卖梨人财物两空，而后被在场的所有人

笑话。总之，干宝对那个卖瓜人是不带任何褒贬或者感情色彩的，这整个故事只是平述道士的过人之处，而蒲松龄则在字里行间更多的倾注了个人感情，对道士无甚褒贬，而对那个卖梨人倒是曲尽笔墨。

第三，《聊斋志异》异彩纷呈、不拘一格的文体特征还受到了史传文学的影响。冯镇峦《读聊斋杂说》称其为"史家列传体"，一方面，蒲松龄在作品中一般先是交代主人公的姓名、身份、籍贯和性格特征。如《王桂庵》中开头便说："王樨，字桂庵，大名世家子。"又如《葛巾》中交代："常大用，洛人，癖好牡丹。"这些介绍性文字在故事之前颇有些有据可考的史家意味。另一方面，《聊斋志异》的作品篇末一般都附有表达作者个人观点的统一格式——"异史氏曰"，这不难让人想到《史记》中经常出现的"太史公曰"，蒲松龄这一笔法的确是传习了司马迁的经典范例。《聊斋志异》这样传奇也好志怪也罢的小说文集，后赘史家评论也曾被很多人诟病，然而，在《聊斋志异》传承百年后的今天，历史已经为此做出了公正的评断，《聊斋》篇末的议论不仅没有影响小说的思想内容，反而成为小说不可分割的部分，往往具有画龙点睛的作用。这些文字，有的是对故事本身的鉴赏，有的是故事以外作者自己的感慨，有的则能够独立成文，凌驾于作品和读者的理解之上，把文章引入更高的思想层面上。此外，更值得我们关注的是，蒲松龄对史家文体更多的发展继承不是浮于表面的形式，而是将史家笔法无声无息的运用于《聊斋志异》之中，记人叙事"似幻似真"，"铺排安放，变化不测"，以曲折有致故事情节引人入胜，如《胭脂》写一桩人命案件从酿因到破获的过程，人物不多，也没有神奇色彩，但

整个故事情节的发展，波澜起伏，高潮迭出，冤外有冤，错中有错，戏剧性很强。《葛巾》写常大用和葛巾相爱，从花园邂逅到书斋欢会，纵横诡变，反复离奇，中间就经过许多曲折。《西湖主》写陈生因祸得福，与西湖主结为良缘的经过，几起几落，委曲宛转；《张鸿渐》写张鸿渐几番磨难，流离坎坷数十年，波折迭起，变化多端；《宦娘》写温生与宦娘、良工的爱情纠葛，时隐时现，一转三回；又如《促织》紧紧围绕蟋蟀的得失来安排故事，写主人公成名由悲而喜，喜极生悲，悲辍复喜，逶迤推进，扣人心弦。

此外，蒲松龄对故事情节的驾驭能力可谓是炉火纯青的，《聊斋》中出现了多种多样的叙事结构，复线叙事、多线叙事，穿插叙事等等，更是出现了无情节、无故事的"写意"小说。

复线叙事即是古代说唱艺术中经常出现的"花开两朵各表一枝"的叙事方法，两条线索交织出现，明暗分明。这样的例子在《聊斋志异》中并不鲜见。如《阿秀》中狐女与刘子固、刘子固与阿秀就形成了两条感情线索，《宦娘》中鬼女宦娘与温如春、温如春又与葛良工，蒲松龄在行文中将狐女、鬼女时隐时现的穿插在男女主人公的感情线索之中，考验着情感的忠贞，也凸显了狐女与鬼女高于人类女性的超然意识。而多线结构在《聊斋志异》中的成就则更为卓著。如《仇大娘》在蒲松龄笔下可谓大开大合，收放自如。在这一聊斋名篇中，与情节紧紧相关的人物就有十多个人，蒲松龄以仇大娘为核心，一笔不乱的叙述着这一家七口面对奸邪小人的阴险陷害、充军流放的家庭灾难，又穿插倾家荡产浪子回头、矢志不渝贞女不嫁的道德寓言，更有无心插柳的美满良缘，否极泰来的家道中兴……林林总总一气

呵成，各条线索最后如百川入海，又回到仇大娘手中，叹为观止。

在《聊斋志异》不拘一格的叙事中，最引人关注的要数蒲松龄笔墨不多，却着力非常的"写意"小说，它们不重视情节发展、不强调跌宕起伏，而是用一种宁静的视角，审视着读者的内心，也就是后世推崇备至的"性格小说"。《婴宁》便是其中最具代表性的一篇。王子服因思慕这个笑若春华的女子而追寻入山，蒲松龄在此处突然放慢节奏，细细地描写起婴宁的居住环境，幽僻的山庄、长满花木的院落，再照应庄子"其为物，无不将也，无不迎也，无不毁也，无不成也，其名撄宁。撄宁也者，撄而后宁者也。"蒲松龄极力地赞美婴宁的天真，也正寄寓着对老庄人生哲学中所崇尚的复归自然天性的向往之情。再如《绿衣女》亦是被后人称道的"散文式"小说。蜜蜂精绿衣女进入书生的书斋，蒲松龄的笔触只碰触到平常的交往情状，没有任何故事性可言。又有许多篇章写得只是一种心理或是情态，《王子安》是秀才乡试放榜前的幻觉，《镜听》则是一个家庭中妯娌之争而产生的愤恨，《金和尚》更似一篇人物特写，无事件、无情节，只有几位僧侣零星的生活场景，房屋陈设、出行丧殡等等。这些看似无意义的篇章事实上恰恰是蒲松龄自觉的文体探索和小说创新，在中国小说史特别是文言小说史上都是意义非凡的。

2. 诗化小说

蒲松龄善诗，正如前章节所述，无论是个人的应酬唱和还是代人歌哭，蒲松龄的诗作才能都是斐然卓著的。而在自己平生最

蒲 松 龄

为得意的著作中，这种诗人的品格和情怀也无时无刻不流露在笔端，于是也有了成就《聊斋志异》或诗情画意、或阴幽诡异的梦幻艺术。

(1) 意境创造

《聊斋志异》的故事大多出自奇幻的笔墨，而又充满人间气息，在这些或喜或悲、或叹或怜的情节中，又渲染着一种诗意的气氛，使读者如亲历其境，感同身受。而这种气氛正是通过蒲松龄自由浪漫的诗人笔法点染而出的。

《聊斋志异》创造的诗化意境，往往寥寥数语，但却能够使人准确地感受到作者渗透于作品中的那种既含蓄而又十分强烈的情感意绪，看到在这境界中泛出的作者理想的光彩。

首先，环境描写的意境渲染。诗化的环境在于融入了人的情感，使意象和景物情感化、意绪化，超然于真境之上，换句话说就是引人入胜。这样的描写在《聊斋》故事中比比皆是，如描写婴宁的住处：

乱山合沓，空翠爽肌，寂无人行，只有鸟道。遥望谷底，丛花乱树中，隐隐有小里落。下山入村，见舍宇无多，皆茅屋，而意甚修雅。北向一家，门前皆丝柳，墙内桃杏尤繁，间以修竹，野鸟格磔其中。

幽谷、丛花、茅屋、丝柳、桃杏、修竹这一系列美的意象，在中国古代审美范畴中都有着诗化的品格，它们不仅暗示了婴宁不同于常人的狐仙身份，也借"空翠爽肌"、"意甚修雅"的主观感受，真切地营造出一种艺术氛围，不知不觉间流露出含蕴其间

的精神气韵，也就是表现在婴宁身上的自由天性。再如《成仙》中写周生入山寻找已成仙的成生时，只见：

见异彩之禽，驯人不惊，声如笙簧，时来鸣于座上。

寥寥数语却绘色绘声，立时将读者带入一种仙气环绕、安乐祥和的气氛中，而后二人"世情尽灰"，双双偕隐成仙在这超脱的景象中自然顺理成章了。再如《王桂庵》中王桂庵因思慕意中人而入梦境，蒲松龄在此借王桂庵之眼对江南渔村的景色进行了诗意的描绘，虚实结合，有一种朦胧的美感：

一家柴扉南向，门内疏竹为篱，意是亭园。径入，有夜合一株，红丝满树。隐念：诗中"门前一树马缨花"，此其是矣。过数武，苇笆光洁。又入之，见北舍三楹，双扉阖焉。南有小舍，红蕉蔽窗。

柴扉、疏竹、红丝、苇笆、小舍、红蕉等一串美的意象，营造出一种富有诗意的艺术氛围。这种素雅和质朴的境界，正与女主人公芸娘的出身和教养相契合：家境清寒，但却有思想、有教养、不为功利所动而能自尊自重，敢于维护自己的独立人格。从这段环境描写所透出的高雅气息中，我们隐约便可感受到这非凡女子的"风姿韵绝"。

蒲松龄是一位写意造境高手，《聊斋志异》中不仅有美丽、超然的幻境，也有阴森幽僻的鬼境，像是李贺的诗歌，处处透着诡异神秘。如《连琐》写人鬼之恋，开头一段便极具意味：

蒲　松　龄

　　杨于畏，移居于泗水之滨。斋临旷野，墙外多古墓，夜闻白杨萧萧，声如涛涌。夜阑秉烛，方复凄断。忽墙外有人吟曰："玄夜凄风却倒吹，流萤草复沾帏。"反复吟诵，其声哀楚。

　　这一番点染可谓景是鬼景，声是鬼声，情是鬼情。真鬼还未现身，就已经鬼气满纸，阴幽弥漫了。

　　其次，普通意象的诗化构建。《聊斋志异》中的诗化意境不仅在于环境的渲染，更有独具匠心的意象处理。也就是说，凭借一个富有诗意的结点生发整个故事的美感。具体说来，比如《黄英》中蒲松龄借助的那个结点便是黄英的身份——菊花精。陶渊明爱菊，而"菊有黄花"，谓之黄英。联想陶潜归去田园、与世无争的隐士情结，黄英的雅致与不俗便无须多费笔墨了。再有如《宦娘》，蒲松龄为女鬼宦娘设置的结点是古典音乐，温如春亦长于乐器，宦娘与他的爱情是以美妙的音律为媒介的，后来宦娘为温如春谋得的妻子葛良工也是一位古筝高手。这又不难让人想到《诗经·周南·关雎》中那句"琴瑟友之"的千古雅致。《宦娘》全篇多处以优美的琴声进行点染，创造出一种富于诗意的艺术氛围，以此来烘托映衬宦娘风雅不俗的精神世界，如开头写道士弹琴：

　　接（琴）置膝上，才拨动，觉和风自来；又顷之，百鸟群集，庭树为满。

琴声之美，春晓之花为之绽放，美人不俗，中秋之月为之露颜，这样优美不俗的通感手法实在不得不让人赞叹蒲松龄的运笔之才，宦娘高洁风雅的精神追求也在聊斋世界中千古流芳。再有《粉蝶》中阳生和粉蝶的爱情，也是以琴曲之妙作映衬的，再加上作者对神仙岛上那种"夏无大暑，冬无大寒，花无断时"的理想境界的着意渲染，便使全篇充满一种缥缈而富有诗情的仙风仙气。粉蝶那种"飘洒艳丽"的内在风神，也在艺术氛围中得到了映现。

再次，反复皴染的意蕴烘托。《聊斋志异》之所以在诗意上赢得了世人的追捧，不仅在于篇章之中恰到好处的环境点染，或者别致的意象运用，更重要的原因是蒲松龄炉火纯青的整体意境创造，其中的关键，便是层层皴染。最典型性的例子也是研究者常常列举的《晚霞》篇。阿端和晚霞都是落水而亡的鬼魂，死后被龙宫收为舞者，二人因舞蹈相识相恋。在蒲松龄诗意之笔的反复皴染下，这个鬼恋的故事变得分外迷人。水晶世界，妙龄少女，莲步生花，龙宫里的景象被蒲松龄这样描写：

龙窝君急止之，命进"乳莺部"，皆二八姝丽，笙乐细作，一时清风习习，波声俱静，水渐凝如水晶世界，上下通明。按毕，俱退立西墀下。次按"燕子部"，皆垂髫人。内一女郎，年十四五已来，振袖倾鬟，作"散花舞"；翩翩翔起，衿袖袜履间，皆出五色花朵，随风飏下，漂泊满庭。舞毕，随其部亦下西墀。阿端旁眄，雅爱好之，问之同部，即晚霞也。

这样奇幻瑰丽的优美画面，透露出生命、青春与艺术醇美气息，也流露出作者对晚霞的怜爱之情，富有清丽深邃的意境，男女主人公在这样诗意的环境中相遇，这爱情也无疑是圣洁纯粹的。但蒲松龄的笔端并没有就这一点局部环境描写而停滞，《晚霞》一篇始终笼罩在无法摆脱的诗意之中，阿端与晚霞彼此倾慕，"相视神驰"，晚霞投珊瑚钗主动示爱，接下来便是绝美动人的龙宫幽会：

　　童挽出，南启一户，折而西，又辟双扉。见莲花数十亩，皆生平地上，叶大如席，花大如盖，落瓣堆梗下盈尺。童引入其中，曰："姑坐此。"遂去。少时，一美人拨莲花而入，则晚霞也。相见惊喜，各道相思，略述生平。遂以石压荷盖令侧，雅可幛蔽；又匀铺莲瓣而藉之，忻与狎寝。

如此圣洁的景物、如此秀丽的花朵将爱情推向超尘脱俗、至纯至美的极致，正如清代聊斋评论家冯镇峦所说说："欲写幽欢，先布一妙境，视桑间野合，濮上于飞者，有仙凡之别……人间所谓兰闺洞房，贱如粪壤。"这句评语，正道出了《晚霞》意境创造所含蓄的深层意蕴。而值得我们注意的是，蒲松龄在《晚霞》篇中倾注的诗意，并不仅限于点点描写，更有从头至尾的艺术伏笔，对于晚霞，蒲松龄并没有明写她如何落水身亡，变成鬼而进入龙宫，只在开头一笔带过："吴门则载美妓，较不同耳"，含蓄而简约，恰到好处，为后文晚霞的归宿提供了再次创造的可能。此外蒲松龄也没有直接写晚霞长得如何美，转而写她风姿绰约、缥缈

灵动的美妙舞姿,从优美的形体动作中,晚霞那种富于诗意的美也在这反复皴染的笔法中尽显无疑。

(2) 诗句与诗趣

《聊斋志异》的故事中之所以无所不在的弥漫着浓浓的诗意,不仅在于蒲松龄刻意着力于写情造境,也在于其以诗入小说的艺术匠心。

首先,《聊斋志异》中许多篇章中有诗句出现。文言小说中的诗句,通常是人物以诗代言,六朝小说、唐人传奇更是频繁出现,篇中人物多以歌诗通情,几成惯例。而《聊斋志异》中只是偶尔用诗句,且极少整首出现。比如《公孙九娘》中洞房花烛夜公孙九娘回忆起旧时悲剧,枕上追述往事,哽咽不成眠,于是口占两绝云:

昔日罗裳化作尘,空将业果恨前身。
十年露冷枫林月,此夜初逢画阁春。
白杨风雨绕孤坟,谁想阳台更作云?
忽启镂金箱里看,血腥犹染旧罗裙。

哭诉不幸身世,凄婉动人,既写出内心的悲苦,又点出了文章的主题。另如《连锁》是一曲凄婉而优美的人鬼恋歌,开篇便听少女吟诗:

玄夜凄风却倒吹,流萤䒔草复沾帏。

其声楚楚,其意凄凄,继而杨生续为二句:

蒲松龄

幽情苦绪何人见？翠袖单寒月上时。

情词哀婉，格调如一。这两句于夜色中飘进耳畔的幽幽鬼句，不仅是二人发生联系的契机，更为整个恋爱故事定下了幽森诡异的调子，不可谓是超人之笔。此外，《连城》篇中的女主人公"工刺绣"，其父出所刺《倦绣图》，"征少年题咏，意在择婿。"乔生为题绝句二首，其一云：

慵鬟高髻绿婆娑，早向兰窗绣碧荷。
刺到鸳鸯魂已断，暗停钱线蹙双蛾。

这首诗造语精工，将乔生的人品和才华显露无遗，殊不知这首诗却来自于《聊斋诗集》，原题为《同沈燕及题〈思妇图〉》，蒲松龄将它一字不易地移入《连城》，置于乔生名下，既切刺绣之题，又传思偶之情，浑然成天。蒲松龄的诗虽多，但是能与作品中的人物、情境密合无间的毕竟是极个别的。《聊斋志异》中的多数诗篇依然都是作者为特定人物在特定环境下物精心制作的，比较有代表性的是蒲松龄别出心裁的作品《白秋练》，白鱼精白秋练同慕蟾宫的爱情关系自始至终以诗来串合，商人慕蟾宫酷爱吟诗，白秋练闻之而萌生爱意，又因无缘相聚而相思成疾，经慕生一吟则病态全无，此后二人以诗相约，欲成连理，但却遭到慕蟾宫父亲的阻挠，慕生又陷入思念中一病不起，直到白秋练如法炮制才使慕生除去病痛，终成眷属。诗在这个故事中起到的作用是极其巨大的，他们二人的情缘因诗而起，生命赖诗延

续，感情又因诗升华。在故事最后的一个波折中白秋练嘱咐慕生：

> 如妾死，勿瘗，当于卯、午、酉三时，一吟杜甫《梦李白》诗，死当不朽。待水至，倾注盆内，闭门缓妾衣，抱入浸之，宜得活。"喘息数日，奄然遂毙。后半月，慕翁至，生急如其教，浸一时许，渐苏。自是每思南旋。后翁死，生从其意，迁于楚。

蒲松龄描写这段爱情波折，将诗与爱情结合在一起，并赋予诗神奇的力量，不仅可以传情，勾通两颗相爱的心，而且还可以治病，甚至于能使所爱的人死而复生。诗的作用和力量被渲染到了一种神妙的境地，与诗相关联的爱情也就显得更美，从而精灵故事的奇异性也就被诗化了。

其次，《聊斋志异》的诗化倾向，不仅表现于小说叙事中运用了诗句、诗意，还表现于许多篇章程度不同地带有诗的品格特征，富有或淡或弄的诗趣。如《翩翩》的故事袭用了古老的刘阮天台遇仙女式的框架，翩翩存在于白云仙乡，可以为罗子浮采白云、蕉叶制衣，她导演出的使罗子浮衣随心变的谐谑剧，富有神话传说的妙趣，而她为原本浮浪的罗子浮医疮，为之生儿育女，警告性的闺房戏谑，又犹如现实生活中的妻子，最后又让她归入虚幻，罗子浮再也找不到了。这个真幻交融的故事，不再是对仙界的憧憬，也非一般爱情的颂歌，而是作者精心打造了一个温和而又能正丈夫之心的贤能妻子的幻影，空灵而又鲜活，颇有诗的"镜花水月"之韵致。此外，《聊斋志异》里有

蒲松龄

一些写人的癖好情笃的篇章，如《书痴》写书呆子，《酒狂》写酒徒，《鸲鹆》写鸟迷，《阿宝》写情痴，都是专就所好所笃演绎出几乎不可思议的故事，极度夸张地表现出其超常之情、超常之状，这便超越了单纯的褒贬，成为艺术的审美对象，富有游心娱目的情趣。

(3) 含蓄蕴藉

中国古典诗歌向来讲究"诗之至处，妙在含蓄"，"不著一字，尽得风流"，含蓄既不同于浮躁浅露、竭尽无余，也不等于佶屈晦涩，莫测高深，而是于有限的文字中寓于无限的想象，从而产生一种回味无穷的意味。《聊斋志异》的叙事也吸收了诗歌表达的这一手法，并将其借鉴运用于小说之中。

首先，扑朔迷离，意犹未尽。作者蒲松龄在《聊斋志异》中是以一个全知的视角凌驾于故事人物之上的，然而，有时他却故作含糊，以一种扑朔迷离的笔法创造出无限诗意。比如，《花姑子》开头写安幼舆暮归：

> 暮归，路经华岳，迷窜山谷中，心大恐。一矢之外，忽见灯火，趋投之。数武中，欻见一叟，伛偻曳杖，斜径疾行。安停足，方欲致问，叟先诘谁何。安以迷途告，且言灯火处必是山村，将以投止。叟曰："此非安乐乡。幸老夫来，可从去，茅庐可以下榻。"安大悦，从行里许，睹小村。叟扣荆扉，一妪出，启关曰："郎子来耶？"叟曰："诺。"

这段疑点颇多的叙述为文章增添了许多悬念，吸引着读者一

路想读下去,最后才明白"灯火"是指什么,老者为什么"疾行",老妪又如何得知"郎子"要来。再如,《西湖主》最后一段写陈弼教入赘洞庭湖君家成了仙,友人却见他仍在家中,便问:

"昨在洞庭,何归之速?"答曰:"无之。"梁乃追述所见,一座尽骇。生笑曰:"君误矣,仆岂有分身术耶?"众异之,而究莫解其故。后八十一岁而终。迨殡,讶其棺轻,开视,则空棺耳。

蒲松龄于结尾处画了一个省略号,开放性的答案,开放性的思索,一切尽在猜想与回味之中。其他如《连锁》《劳山道士》《绿衣女》等等都是结而不尽,留有余韵的。这里非常值得称道的是《公孙九娘》的结尾之处。九娘嘱托莱阳生将她的骨殖迁回故乡,待莱阳生百年后并葬在一起,使她这个不幸的女子总算有了归宿。而蒲松龄却没有让她的愿望得以实现:莱阳生"忘问志表",找不到九娘的葬处,来年再寻,九娘却因怒而消失了。蒲松龄安排的结局看似九娘对莱阳生的粗心无法谅解,潸然而去。但反复品味推敲,才能体会出,作者这个安排实在是不肯以九娘死后愿望的满足,减弱她生前无法消除的冤恨,冲淡全篇悲怆的意境气氛。留下这个似乎不可理解的疑问,篇终而意不尽,使读者不会掩卷即忘公孙九娘及她所代表的那些惨遭不幸的人们,可谓用心良苦。

其次,作文宜曲,一波三折。由粗陈梗概到记叙委婉,标志着文言小说的成熟,也为小说内容的深化、诗化提供了更大的空

间。蒲松龄在《聊斋志异》中寄予的诗意品格也在一波三折的娓娓道来中得到了细腻的体现。如《王桂庵》写王桂庵江上初逢芸娘，后沿江寻访苦于不得，再后偶入一江村，却意外地再见芸娘，而后又因为一句戏言，致使芸娘投江；经年自河南返家，途中又蓦地见到芸娘未死，好事多磨，几乎步步有"山穷水复，柳暗花明"之趣。再如《西湖主》写陈弼教在洞庭湖落水，浮水登崖，闯入湖君禁苑、殿阁，本来便有"犯驾当死"之忧，又私窥公主，红巾题诗，到了行将被捉、必死无疑的地步，却陡地化险为夷，变凶为吉，做了湖君的乘龙快婿，极尽情节腾挪跌宕之能事。又如《阿宝》篇写孙子楚和阿宝之间纯真爱情的曲折经历。前半部极写书生孙子楚的痴情："闻戏言而不惜断指，魂随阿宝去，再变鹦鹉，得依芳泽"，从而得到了阿宝的芳心，解绣履为信物，终于结为美满姻缘。但是，故事到此并未结束。蒲松龄另起一笔："居三年，家益富。生忽病消渴，卒。"文势顿挫，真如一波未平，一波又起。故事的后半部便由阿宝以痴报痴，至以身殉，从而使冥王为至诚所感，赐孙再生，徐徐展开，最后自然是美满团圆的结局。另如《寄生》篇由两条爱情线索交错发展，相互穿插，此起彼伏。正如但明伦在评点中所说的："由前而观，似闺秀为主，五可为宾；由后而观，又似五可为主，闺秀为宾，其实玉山并峙，峡龙双飞，中间雾合云迷，连而不连，断而不断"，"事固离奇变幻，疑鬼疑神；文亦诡谲纵横，若即若离，反复展玩，有如山阴道上行，令人应接不暇，及求其运笔之妙，又如海上三神山，令人可望而不可即"。这篇作品充分地显示出委曲含蓄的美。总之，《聊斋志异》之所以耐人寻味，能够引起欣赏者的想象和联想，是和作品运用蕴藉深厚、余意不绝的表现

手法分不开的。

3. 雅俗之间

《聊斋志异》被称为是中国文言小说回归的高峰。在蒲松龄生活的时代，白话小说已经有五六百年的发展历史，而文言小说则自唐人之后一蹶不振。蒲松龄不仅完成了文言小说的巅峰振兴，更在继承传统的基础上开拓创新，使《聊斋志异》在语言上呈现出了典雅与通俗并存、朴素与骈俪相共、亦庄亦谐变化多端的丰富形态。正如清人冯镇峦所言："聊斋于粗服乱头中，略入一二古句，略装一二古字，如《史记》诸传中偶引古谚时语，及秦、汉以前故书，斑驳陆离，苍翠欲滴，弥见大方，无一点小家子作贫儿卖富丑态，所以可贵"。

（1）熔铸经史、文意翻新的典雅之辞

典雅是《聊斋志异》彰显文学性、文人化色彩的标志，也是聊斋语言艺术成就最高的一个特点。蒲松龄涉猎古籍非常丰富，举凡《诗经》、《楚辞》、诸子、汉赋、唐宋诗文、古代小说、戏曲、野史杂著无不精研，在《聊斋志异》中，自然而然的继承了传统文化的精华，融汇了各家之所长，保持了文言的典雅洗练的风格，吸取了多种文体的优势，并且将其运用得得心应手、潇洒自如。

首先，蒲松龄将各种历史典故和诗词歌赋化用于小说之中，深厚的人文底蕴和高雅的诗歌艺术为《聊斋志异》染上了浓厚的文人气息，行文叙事、字里行间意蕴深刻而又美不胜收。比如《八大王》篇于结尾处写了一篇《酒人赋》：

蒲松龄

　　有一物焉，陶情适口；饮之则醺醺腾腾，厥名为"酒"。其名最多，为功已久：以宴嘉宾，以速父舅，以促膝而为欢，以合卺而成偶；或以为"钓诗钩"，又以为"扫愁帚"……齐臣遂能一石，学士亦称五斗。则酒固以人传，而人或以酒丑……至如雨宵雪夜，月旦花晨，风定尘短，客旧妓新，履舄交错，兰麝香沉，细批薄抹，低唱浅斟；忽清商兮一奏，则寂若兮无人。雅谑则飞花粲齿，高吟则戛玉敲金。总陶然而大醉，亦魂清而梦真……酒客无品，于斯为甚……尘蒙蒙兮满面，哇浪浪兮沾裾；口狺狺兮乱吠，发蓬蓬兮若奴。其吁地而呼天也，似李郎之呕其肝脏；其扬手而掷足也，如苏相之裂于牛车。舌底生莲者，不能穷其状；灯前取影者，不能为之图。父母前而受忤，妻子弱而难扶。或以父执之良友，无端而受骂于灌夫……此名"酒凶"，不可救拯……

　　《八大王》本是以散文笔法叙述成文，而蒲松龄却把这篇诗词骈文间插在散文叙事之间，以骈散或韵散交织来宣发才子逸兴的，却非但没有使骈体赋和散体叙事之间貌离而神合，失去艺术的完整性，反而使文章倍增雅致，气韵不俗。至于古文风范的更是开卷即得，如《西湖主》中写西湖主居所：

　　近临之，粉垣围沓，溪水横流，朱门半启，石桥通焉。攀扉一望，则台榭环云，拟于上苑，又疑是贵家园亭。逡巡而入，横藤碍路，香花扑人。过数折曲栏，又

是别一院宇，垂杨数十株，高拂朱檐。山鸟一鸣，则花片齐飞，深苑微风，则榆钱自落。怡目快心，殆非人世。

这段描写极似王维与裴迪的山中答和诗章，妙偶佳句层出不穷，尽显大家手笔。

其次，诗化的语言是《聊斋志异》典雅风格的重要体现。蒲松龄在叙述中引用古人诗词之外，许多作品中的人物还极富诗才，写了许多美妙的诗句，使作品呈现出浓郁的诗意化特征，这一点，于上文诗化小说的诗化语言中已有交代，在此不多赘言。但需要补充说明的是，诗化的语言不仅造就了似人间非人间、似人非人、似人情非人情的朦胧美，也在文章文字内涵方面成为《聊斋志异》文人化的重要特征，这些优美的文字可以是写意造境的天籁之笔，可以是人物风致的优雅体现，也有一些曲词并不一定是完全符合特定的人物和环境，但却可以创造某种气氛，加强艺术的感染力。如绿衣女所唱的小曲：

树上乌白鸟，赚双终夜散。
不怨绣鞋湿，只恐郎无伴。

这与她夜奔于生"无夕不至"的情境极其合拍，表现出人物热烈追求爱情的精神。还有一些也并不是直接表现人物心理，只为了加强生活的气息。如《阿英》中的秦吉了唱道：

闲阶桃花取次开，昨日踏青小约未应乘，付嘱东邻

女伴；少待莫相催，眷得凤头鞋子即当来。

这首词一方面把"姊妹欢会"的气氛充分显示出来，同时又与阿英受伤，不能如约同游相照应。另外，《婴宁》《小谢》《香玉》等很多篇都是如此。

中国的文言，经过历代文人对它的加工和完善，具有许多白话所难企及的优点，就是表意精炼含蓄，要通过咀嚼才能品出其中的韵味，这也是所谓"白话聊斋"望尘莫及的艺术高度。如《神女》中神女去求米生帮助时说："受人求者常骄人，求人者常畏人……"这里的"骄"是"骄矜、傲慢"的意思，形容词且带上了宾语。"骄人"，如果译成白话，就是"在人前摆出骄矜傲慢的样子"之类，显然不如文言简洁，而且文言中"骄人、畏人"，"受人求者、求人者"两两相对，从音节节奏上给人一种美感。另外，文言形式中的一些表达某些微妙意思的含蓄词语很难用相应的白话予以替换。如《佟客》中佟客说的"贼幸去矣"的"幸"字，换成"侥幸、幸亏"等，句子自然是通的，可却失去了原来句中那种可以琢磨而又难以准确说出的意味了，这种表达效果，正所谓"可意会而不可言传者也"。

此外，蒲松龄还不时地将诗句典故引入人物对话中，显示了很强的文人气息，又不失生活情趣。更值得注意的是，他在用典时，能够将其与故事情景融为一体，毫无生硬或掉书袋之感。正如王之春在《椒生随笔》中曾说："聊斋善于用典，真如盐著水中也。"徐珂谓《聊斋志异》用典之活，也说："其行文驱遣成语，运用典籍，全化襞袭痕迹"。如《凤仙》中，刘赤水发现自己床上有"少年拥丽者眠"，便"入而叱曰：'卧榻岂容鼾睡！'"这

句话化用《宋史》中的典故,即宋太祖对南唐后主李煜的求和使者说:"江南主有何罪,但天下一家,卧榻旁岂容他人鼾睡乎!"作者把这个典故用在此时刘赤水口中,真是了无痕迹,自然之极。及至刘赤水与风仙定情之夕,蒲松龄写道:

> 女嫌(刘)肤冰,微笑曰:'今夕何夕,见此凉人!'刘曰:'子兮子兮,如此凉人何!'

把《诗经·绸缪》中的原句稍加变化,写闺房戏谑而曲解经史,却异常的风趣,让人不禁莞尔。冯镇峦评《聊斋志异》谓此"以文为戏",聊斋故事中的人物时有直接借用典故表情达意,或有慧心女以诗传情,如《白秋练》中慕生与白秋练的相识相恋;或有书生腐儒掉书袋,书札杂用骈俪的句子,戏用孔孟之语,但是,这些都于典雅中透露出亦庄亦谐的生活趣味。

(2) 生动活泼、不拘一格的俚俗之言

王士禛为《聊斋志异》题诗有一句"豆棚瓜架雨如丝",暗喻聊斋故事多道听途说之言,同时也在作品的语言风格上做了一个间接的定位——俚俗浅近。的确,蒲松龄对文言进行了大力的创新改造,通俗化、口语化甚至方言化的语言在《聊斋志异》中占有一席之地,这一开创性的运用非但没有使行文流于庸俗,反倒为这部文言小说集增添了许多活泼灵动的生活气息。

首先,鲜明的形象性语言运用。《聊斋志异》虽用文言,却力避晦涩,不论是写人绘景,还是摹情画态,蒲松龄总能鲜明、生动、传神、逼真地刻画出当时情景,使人如闻如见。如人们交口赞誉的《王子安》"异史氏曰"对秀才入闱"七似"的描绘,

就是典型的例子。再如脍炙人口的《口技》篇,技者模仿各类人声:"九姑之声清以越,六姑之声缓以苍,四姑之声娇以婉,以及三婢之声,各有态响,听之了了可辨。"再如《狐嫁女》殷天官夜入废第:

见长莎蔽径,蒿艾如麻。时值上弦,月色昏黄,门户可辨。

简笔数语,勾画了了,写出了久无人居废宅一派荒凉的景象,极具形象性。

蒲松龄善于用形象性的语言描述幻化不实的故事人物,使人见之可亲,毫无陌生排斥之感。如《聊斋志异》众多"异化女子"形象,既写出了狐魅花妖原有的物性,又赋予它们以人的面貌和性格:葛巾是牡丹花妖,则写她"异香竟体";花姑子是香獐精,则写她"气息肌肤,无处不香",阿英是鹦鹉精,便写她"娇婉善言",白秋练是鱼精,便写她每食必加少许湖水的习惯,阿纤是鼠精,就写她善于积粟治家,俞士忱是蠹鱼精,就写他读书"最慧,目下十行",而苗生是虎精,于是写他性情粗豪,长啸一声,"山谷响应"……再如《雷曹》篇写天上之境,以生活中常见的锅碗瓢盆之类作以类比,毫无生涩,可感可触。

其次,个性化、生活化、口语化的人物语言。《聊斋志异》的人物语言在民间口语的基础上,加以文饰,既保持了文言小说语言的统一性,又吸收了白话口语的活泼性,再加以俗语、谚语和生活化了的个性化语言,从而显得新鲜、活泼、通俗易懂。而对于口语的使用,蒲松龄采取了不同的处理方法。一种是直接使

用，只是适当加上一些文言虚词或稍作改动，这类语句非常接近白话作品的语言。如《席方平》中，冥王受贿之后，不问青红皂白，责打席方平，席方平愤道："受笞允当，谁教我无钱也！"再如《镜听》中次妇愤激的话"侬也凉凉去"，《葛巾》中常大用说的"娘子必是仙人"等等，无论是语词还是句式，与口语相差无几。另一种则是把口语略作改动，但句式和风格仍明白显豁。如《口技》中写几个女子的酬答：

乱言曰："春梅亦抱小郎子来耶？"一女曰："拗哥子！呜呜不睡，定要从娘子来。身如百钧重，负累煞人"……"小郎君亦大好耍，远迢迢抱猫儿来"。

这几句对话所表现的女性之间的家常絮叨之辞，果真是形象逼真。再如《司文郎》中，余杭生得中后专程跑去对预言他不中的盲僧说："盲和尚，汝亦啖人水角耶？今竟何如？"那刻薄的话语，沾沾自喜的语气，都体现了口语的特点。如《庚娘》篇中，庚娘与丈夫金大用遭人所害而失散，重见后不敢遽认，便以闺中隐谑语对暗号："看群鸭儿飞上天耶！"声口逼肖，活泼有趣而又畅晓明白。故冯镇峦评之曰："如史记中引古谚谣，倍添泽色"。《聊斋志异》中如此精彩的人物语言比比皆是，例如《婴宁》中婴宁的天真无邪、单纯憨痴的言辞，《阎王》篇中李久常之嫂狡诈泼辣、强词夺理的说话，《镜听》篇中二妇愤激不平、爽快淋漓的痛斥，《翩翩》中女主角翩翩幽默机智、风趣横生的语言，都无不保留着文言的体式，又无不像生活本身一样真实自然。而《邵女》篇在此成就又显得有些与众不同中，在这篇文章中蒲松龄

蒲 松 龄

写到了一个媒婆贾媪,因为柴延宾看上了邵氏之女,便托她前去说媒:

> (媪)登门,故与邵妻絮语。睹女,惊赞曰:"好个美姑姑!假到邵阳院,赵家姊妹何足数得!"又问:"婿家阿谁?"邵妻答:"尚未。"媪言:"若个娘子,何愁无王侯做贵客也!"邵妻叹曰:"王侯家所不敢望,只要个读书种子,便是佳耳。我家小孽冤,翻复遴选,十无一当,不解是何意向。"媪:"夫人无须烦怨。凭个丽人,不知前身修何福泽,才能消受得!昨一大笑事:柴家郎君云,于某家茔边,望见颜色,愿以千金为聘。此非饿鸱作天鹅想耶?早被老身呵斥去矣。"邵妻微笑不答。媪曰:"便是秀才家,难与较计;若在别个,失尺而得丈,宜若可为矣。"邵复笑不言。媪抚掌曰:"果尔,则为老身计亦左矣。日蒙夫人爱,登堂便促膝赐浆酒;若得千金,出车马,入楼阁,老身再到门,则阍者呵叱及之矣。"

在这段精彩的描写中,出现了许多文言虚词:"也"、"矣"、"耳"、"耶",还出现了一些不常见于口语的文言词语如"絮语"、"睹"、"媪"、"何足"、"佳"、"遴选"、"十无一当"、"饿鸱"等。口语中不常见的文言句式也在这段文字中出现了一些,如"失尺而得丈,宜若可为矣""果尔,则为老身计亦左矣""出车马,入楼阁""则阍者呵叱及之矣"等。总之,这段话从词语到句式,都保持了文言的体式,赵飞燕、赵合德

典故的运用，更增加了这段文字的文言特殊性。当然，如果仅从语言形式上看，这段话无疑与现实生活大相径庭，因为在现实生活中，一个农村的媒婆不可能满口的之乎者矣，更不会用大量的文言词语，文言句子来表达自己的想法。但细细的咀嚼，却又酷似生活的再现，读完之后，一股浓浓的生活气息迎面而来。贾媪可以说是媒婆中的佼佼者，面对一桩难说的婚事，她并没有直入主题，而是从闲话轻轻步入正题，似有意，似无意，欲擒故纵，一步步探出对方的心思，一步步诱人入网中，这绝不是作者硬把自己的语言加在人物口中，而是现实生活中善于察言观色、蛊动人心的媒婆所特有的"招牌"。贾媪的语言很有层次性和抑扬性，与小说的情节适应的程度很高，从中更能显示出人物鲜明的性格，比起白话问来贾媪的"文言"生活气息反倒更浓一些。

再者，俗语谚语的广泛引用。蒲松龄除了对经史子集有很高的造诣外，对民间俗语、群众语言也有很深的研究，并创作了许多俚曲，对话本小说也进行过学习和借鉴，再加上对世风人情地透彻了解，因此，他在运用文言创作《聊斋志异》时，便显示出了活泼、生动、通俗的语言色调。值得注意的是，蒲松龄在引用这些谚语时，作了或大或小的加工改造，使之适应文言体式，然而又不失其俗语的精髓。如《云萝公主》的"异史氏曰"中，谈到耿生中进士后，他的夫人仍像以前那样"诃谴之"，耿生觉得自己要做官了，不应再受管束了，而夫人说："谚云：'水长则船亦高'。即为宰相，宁便大耶？""水涨船高"是至今为人们经常使用的一句话，耿夫人拿来作为自己观点的"理论依据"，简捷明了，一语中的，恐怕耿进士无言以对了。再有如《张鸿渐》："一

夜夫妻，百日恩义"；《蛇人》："世无百年不散之筵"；《连城》："丑妇终须见姑嫜"；《胡氏》："瓜果之生摘者，不适于口"；《寄生》："先炊者先餐"……这些虽以文言的句式出现，仍不失生活的亲切感。

《聊斋志异》的人物语言中，有不少是经过蒲松龄自己加工改造后的俗语，熔化在文章之中，丝毫不显突兀。如《梅女》中鬼妪骂典吏：

　　汝本浙江一赖贼，买得条乌角带，鼻骨倒竖矣！汝居官有何黑白？袖有三百钱，便而翁也！

"鼻骨倒竖"与"袖有三百钱，便而翁也"就是现代汉语口语中"鼻孔朝天"、"有钱就是爹"两组句子的文言翻版，放在聊斋人物的语言中生动可亲，又不失韵味。再如《仙人岛》中埋怨别人不听话便有"若东风之吹马耳"，正是"耳旁风"的意思。《邵九娘》中那句"此非饿鸱作天鹅想耶？"再不懂文言的人也知道是百姓口中常有的"癞蛤蟆想吃天鹅肉"；《青蛙神》讥刺丈夫忘恩负义，蒲松龄用到了"如鸱鸟生翼，欲啄母睛"，《王大》中骂人悭吝又说"汝真铁豆，炒之不能爆也"……这些妙比巧喻，将俗语稍作整理改造，以文言体式出之，翻新出奇，既生动传神又自然晓畅，雅俗所共赏。

(3) 简洁洗练、意味无穷的篇章艺术

蒲松龄在语言的锤炼上具有千金不易一字的功力。他能在短小的篇幅内，以精粹的语言文字来表现《聊斋志异》丰富、深刻的思想内容。从而使《聊斋志异》一书在整体上呈现出洗练和宏

富的统一。

首先，短篇艺术。《聊斋志异》的叙述语言较一般的文言浅近，行文洗练而文约事丰。一些篇幅较短者，如为人称道的精品短文《骂鸭》篇，：

  白家庄民某，盗邻鸭烹之。至夜，觉肤痒；天明视之，茸生鸭毛，触之则痛。大惧，无术可医。夜梦一人告之曰："汝病乃天罚。须得失者骂，毛乃可落。"邻翁素雅量，每失物未尝征于声色。民诡告翁曰："鸭乃某甲所盗。彼深畏骂焉，骂之亦可警将来。"翁笑曰："谁有闲气骂恶人。"卒不骂。某益窘，因实告邻翁。翁乃骂，其病良已。

全篇不过百余字，却绝对印象深刻的让读者记住了两个人物：偷鸭子而浑身长毛的村民，涵养深厚、大度容人的老翁主，自然还有透过这简短戏谑的文字，传达给读者的劝善之心。能在百余字的篇幅中刻画人物、表达深意还能够达到如此高的语言艺术，蒲松龄的的确确是文言短篇的高手大家。此外，《镜听》《雨钱》等篇章，都不过百字左右，却也能完整地写出一种人物的嘴脸心态，又富有谐谑之趣，它们都属《聊斋志异》短篇成就的组成部分，在此便无需赘言了。而我们值得去探究的是，很多中长篇的作品中，依然能够看到类似的情况出现，比如《罗刹海市》的开篇只用了39个字，便将人物的姓氏，身世，外貌，衣着打扮，秉性爱好勾画得栩栩如生：

马骥，字龙媒，贾人子。美风姿。少倜傥，喜歌舞。辄从梨园子弟，以锦帕缠头，美好如女，因复有'俊人'之号。

　　再如《画皮》中写饿鬼彩墨画人皮一节：

　　（生）蹑足而窗窥之，见一狞鬼，面翠色，齿巉巉如锯，铺人皮于榻上，执彩笔而绘之。已而掷笔，举皮如振衣状，披于身，遂化为女子。

　　也是简练异常的文字，便如丸走坂的描写了一整套人物行动，饿鬼的外貌、画皮的动作，穿衣后变为女子的过程，读者能都通过这简短的字里行间，于大脑中呈现动态的人物，毛骨悚然而又不禁赞叹连连。

　　其次，短句艺术。蒲松龄于《聊斋志异》的描写语言中常常自铸伟词，句式新颖，颇值得细细玩味。比如两三个字的简短句式在聊斋故事中非常引人注目，《贾儿》篇中："至夜，果绝。儿窃喜。"再如《胡四娘》篇中一段描写：

　　（四娘）翩然竟来。申贸者、捉坐者、寒暄者、喧杂满屋。耳有听，听四娘；目有视，视四娘；口有道，道四娘也。

　　这段话中巧用顶真辞格，有效地渲染了一群势利小人恭维新贵的丑态；连用七个叠字，真切的描绘了四娘家人前倨后恭的尴

尬丑态，也将一个势力的社会人情世态揭露的淋漓尽致。又如《狼三则》作为《聊斋志异》短篇短句中的精品，在此不得不提，其二云：

少时，一狼径，其一犬坐于前。久之，目似瞑，意暇甚。屠暴起，以刀劈狼首，又数刀毙之。方欲行，转视积薪后，一狼洞其中，意将隧入以攻其后也。身已半入，止露尻尾。屠自后断其股，亦毙之。乃悟前狼假寐，盖以诱敌。

这段描写堪称聊斋短篇句式中的范例，精炼的文字组合却将狼狡诈的本性入木三分的刻画出来，多一字则拖沓，减一字而失意，可谓是空前绝后的大家之笔了。

《聊斋志异》中经常嵌入较多的对句、排句，丝毫不见呆板、造作。仿佛信手拿来，涉笔成偶，一派浑然天成的气象，不仅增加了语言的整体美和节奏感，也提高了艺术描写力，使作品的语言更为凝练，更加精美。《西湖主》"山鸟一鸣，则花片齐飞；深苑微风，则榆钱自落。"的工稳对仗，写景如画，极富情韵之美。《凤阳士人》"沙月摇影，离思萦怀"八个字写出静夜幽恨自然浑成。此类例子在《聊斋志异》中数不胜数，不胜枚举。

蒲松龄在聊斋文字上可谓是千锤百炼、字斟句酌，我们仅从迄今尚存的原作手稿中，便能处处看到修改痕迹，如《辛十四娘》手搞开篇原文是："广平冯生，少轻脱纵酒，年二十余，盆丹鼓，偶有事于姻家，昧爽而行。"而定稿时则将"年二十……

于姻家"一句删去，把"而"字改成"偶"字，删去一些不易懂的内容，改定后更有助于突出冯生"少轻脱纵酒"的性格特征。又如《续黄粱》篇的第一段，从开头到二十年太平宰相，原稿共167个字。改定后仅剩77个字，删掉了许多无助于刻画曾孝廉形象的句子，最后又将"宁无蟒玉"改成"有蟒玉分否"，曾孝廉觊觎高位的口气和求卜的目的便更加凸显殆尽了。

第三，详略得当。

《聊斋志异》篇幅较长的故事，情节有伸缩、详略之别，略写能尽致，详作刻画描摹也没有闲字闲笔。如《红玉》开头写冯相如初见红玉情景，不多着一笔，不多演一段：

> 一夜，相如坐月下，忽见东邻女自墙上来窥。视之，美。近之，微笑。招以手，不来亦不去。

简短凝练的文言句式，没有任何形容词的赘述修饰，却明白如话，一个含羞带笑的可爱女子便层次分明、活灵活现的跃然纸上。再如《王桂庵》开头描绘王桂庵与芸娘初见钟情的场面：王桂庵故意高声吟诗，芸娘"似解其为己者，略举首一斜视之"；王桂庵投以金锭，芸娘"拾弃之"；王桂庵再投去金镯，芸娘"操业不顾"，当其父亲归来时，便"从容以双钩覆蔽之"，文字简练，不仅当时的景象如绘，而且显示出芸娘多情而持重的性格，并隐含着全篇情节发展的根由。

蒲松龄不仅善用简笔，在必要的铺陈叙事时也能不吝笔墨的细致入微。如《梅女》中写鬼女与封云亭翻绳游戏，并为之叠掌按摩，极尽细腻：

"……今长夜莫遣，聊与君为交线之戏。"封从之，促膝戢指，翻变良久，封迷乱不知所从，女辄口道而颐指之，愈出愈幻，不穷于术。封笑曰："此闺房之绝技。"女曰："此妾自悟，但有双线，即可成文，人自不之察耳。"……"妾少解按摩之术，愿尽技能，以侑清梦。"封从其请。女叠掌为之轻按，自顶及踵皆遍，手所经，骨若醉。既而握指细擂，如以团絮相触状，体畅舒不可言，擂至腰，口目皆慵，至股，则沉沉睡去矣。

蒲松龄在梅女的聪慧、温柔上倾注如此多的笔墨心血，从指间变幻莫测的游戏，到技艺高超的按摩术，让读者于这些细腻的描写中亲见一个善良多情的少女，也正为后文引出梅女为典史诬陷而亡的残酷现实做了强烈的对比铺垫，全篇终结，再过回头品读这一段，便不禁扼腕叹息了。

(4) 实而不实、同而不同的写意之笔

《聊斋志异》塑造人物、渲染环境都具有极强的写意性，蒲松龄描写人物并不是如世情小说一般，备写肖像穿着，点染环境更没有如地方县志一般客观的表现风景，而是充分调动文言的各种手段，使描摹具体可感，绘影传神。不论在遣辞造句上还是在炼字设譬上，都有深厚的艺术功力。

首先，蒲松龄传神写意，毫不拘泥。对于人物的描写更如水墨画一般，以神取胜。如描写侠女蒲松龄用了两个极具写意性的词汇："艳如桃李"、"冷语冰人"，不得不让人想到那句"任是

无情也动人"的千古佳句，冷美人的神韵便翕然于胸。再如《姊妹易嫁》中描写新娘的哭态，蒲松龄也没有流于梨花带雨、楚楚动人的俗套，而是用了一句"眼零雨而首飞蓬"，这又不禁让人联想起《诗经·卫风·伯兮》中的诗句："自伯之东，首如飞蓬。岂无膏沐，谁适为容。"《娇娜》中描写丽人"娇波流慧，细柳生姿"等等都是非常精美的描摹语句，不拘于形态，而重在神韵。此外，聊斋景致更是深得其法，不仅诗意盎然，且清雅不俗。这一点，前文备述甚多，此处便不再复述了。

其次，蒲松龄一笔多人，《聊斋志异》中的人物都是个性鲜明，丝毫不雷同的文学形象。比如同是狐狸幻化的女性，婴宁天真烂漫，憨态可掬；小翠顽皮善谑，喜开玩笑；青凤温柔拘谨，情意缠绵。莲香善良，不乏风趣，而又特别豁达，一副大家风范；红玉是委曲求全，宁可牺牲自己为心爱者另觅良匹，心爱者遭逢大难时，能代为救儿，帮心爱者在废墟上兴家立业，凤仙更是伏处岩穴，以镜里倩影喜忧变化激励丈夫不为雌伏而作雄飞，要强而热切的情怀，不可多得。同是妓女，鸦头激烈拗执；瑞云蕴藉斯文。同是鬼女，聂小倩"绰约可爱"，被胁迷人却又心地善良；林四娘"意绪风流"，喜诗善歌而心境凄苦；小谢则活泼调皮，乐不知愁；而李女却羞涩怯弱，感情笃厚。连琐是"瘦怯凝寒，弱不胜衣"的"丽者"，伍秋月则是"少女如仙"，"容华端妙"的佳人。再如异于传统的强悍型女性形象中，《江城》中的江城、《庚娘》中的庚娘、《侠女》中的侠女都是持刀弄杖的非常女子，而江城奇妒阴毒、庚娘机智勇敢、侠女神秘奇异，也都个性鲜明。又如同是痴情的青年男子，《阿宝》中孙子楚为人迂讷；《连城》中乔生心意真诚；《青凤》中耿去病"狂放不羁"……各具面目

各具精神，绝不雷同。

总之，《聊斋志异》之所以享有如此盛誉，产生如此巨大影响，其原因除去它所反映的现实生活的浓度和广度远远超出它之前的所有文言短篇小说外，它那几臻化境的语言也是使之雄踞文言短篇小说之首的决定性因素。

六、后世《聊斋》

《聊斋志异》作为一部具有卓越艺术成就的文言短篇小说集，在蒲松龄创作之初便有人传抄，三百年来，《聊斋》故事在民间广为流传，历久不衰。19世纪中叶又传播到国外，先后被译成英、法、德、日等20多种文字，成为世界人民共同的精神财富。而这部世界巨著的作者蒲松龄也同时受到了后人无限的关注与崇敬，并在文学研究、评论领域产生了日益广泛的影响。

1. 《聊斋志异》版本

蒲松龄作《聊斋志异》历时40余年。由于卷帙浩繁，自家无赀刊行，在他生前这部巨著并没有刊刻印刷成书，只有稿本伴随着蒲松龄直到这位伟大的文学家离世。

事实上，早在蒲松龄生前陆续写作之际，《聊斋志异》的抄本就已经开始流传了。康熙十八年（1679），聊斋故事初次结集并定名前后初具规模，刚刚编缀成册，淄川名士高珩便为之作序，属意读书人"览此奇文"并"能知作者之意"。事隔三年，蒲松龄的好友，淄川豪绅唐梦赉也为《聊斋》写了序，盛赞蒲松龄的才华。康熙四十年（1701）蒲松龄应文坛泰斗王士禛之约，将《聊

斋志异》抄成两卷，王士禛对其中的多篇作品都有评语，现存 30 余条。此年前后，济南朱缃作为蒲松龄和《聊斋》的崇拜者，陆续从蒲松龄处借得稿本，抄录了近乎全部的篇章。

蒲松龄逝世后，《聊斋志异》的稿本藏于家，借抄者更多。今能找到的文献记载中便有雍正元年（1723），朱缃之子通过西宾张元借到了蒲家稿本，抄录成书，也就是署名为"殿春亭主人"的"朱氏抄本"。张希杰又借朱缃家的抄本转抄，也就是留世的"铸雪斋本"。与此同时，济南曾氏，有说是张元弟子曾尚增，也借此抄录了一本，还有甘陵贾氏据朱氏抄本也录有一部，此外，没有列入文献记载的恐怕更是不占少数了。

蒲松龄离世以后，他的七世孙蒲介人，在清光绪年间举家迁至奉天（沈阳），《聊斋志异》手稿的后半部则被盛京驻防大臣伊克唐何借去，带至北京，后因八国联军之乱，公私珍藏的财物多被洗劫。《聊斋》的半部手稿也在其内。而伪满康德八年（1941），《盛京时报》曾援引德国的一则消息："《聊斋志异》部分原稿 48 卷现存柏林博物馆。"无论此则消息的真假，确凿的是《聊斋志异》部分原稿已经散佚。

现仅存半部的《聊斋志异》手稿藏于辽宁图书馆。在上世纪三十年代曾由伪满用珂罗版影印过其中 24 篇，书名是《选印聊斋志异原稿》。新中国成立后曾两次影印过：一次是 1955 年由文学古籍刊行社影印，一函四册。此后，又由全国图书馆文献缩微复制中心于 1995 年影印过一次。但是，这些也都是全书的上半部分而已，欲窥见《聊斋志异》的全貌，我们只能寄希望于同时期的各种抄本了。

在青柯亭刻本出现之前，也就是《聊斋志异》依然靠传抄盛

行的时期，大概流传的版本有：康熙抄本（残本）、易名"异史"的抄本、铸雪斋抄本、二十四卷抄本和黄炎熙抄本，这些抄本虽然都不是《聊斋》的全稿本，但综合观之，依然可以探知蒲松龄《聊斋志异》的原貌。

康熙抄本，其实是半部手稿本，但是却是目前所存的最接近稿本的一个版本，卷首有序，篇目基本与手稿相同，其中夹有王士禛的评语，现存于山东省博物馆，共4大册2小册，约有260篇左右。

易名"异史"的抄本，年代较早，分为6卷，也是现存早期抄本最早分卷者，篇目达485篇，几近完全，且除高珩、唐梦赉的序少有改动外，出入较少，价值较高。

铸雪斋抄本，历城张希杰于乾隆十六年（1752），根据济南朱氏殿春亭抄本而来，共12卷，有目488篇，但有目无文者凡14篇，实有文474篇。此本也附有王士禛评语。

与铸雪斋抄本同时，另有一种《二十四卷抄本聊斋志异》其底本当是济南曾氏抄本，并参照其他抄本作了校对、复核。此本共有文474篇（《王桂庵》、《寄生附》合为一篇），章节总目大体与铸雪斋抄本一致，但是书写工整，校勘细致，也是《聊斋》研究的重要底本。

黄炎熙抄本，12卷，现存10卷。

现存最早的《聊斋志异》刻本，是乾隆三十一年（1766）编刻的青柯亭本。初刻者为赵起杲（字清曜，山东莱阳人），续刻乃知不足斋主人鲍延博。其"弁言"和"例言"，记述了底本的来源和刻者所做的工作。其时赵清曜官浙江睦州州判，采集了郑方坤（字荔，闽人，官曾兖州、浙州知府）、周季和（闽人，曾肆业于

济南泺源书院）等人收藏的抄本编排刻印。但是没等到完工赵氏便病故了，他的弟弟邀鲍延博继续完成了这项工程。原据底本为16卷，经过选辑后变为12卷，后来赵氏又觉得未能窥全豹，倍加遗憾，"再阅其余，爱莫能舍，遂续刻之"。最后，仍刻为16卷，全书共收文425篇（比铸雪斋本少49篇，但可补其缺者5篇），篇目虽然不算完整，然而重要的名篇，都已囊括在内。在文字上，与稿本相比，个别地方略有差异。因是初刻，对《聊斋志异》的传播起了很大的作用。

青柯亭本出后，一般通行本都据此评注和翻印。此本也有几种内容互有歧义的本子，一种是文目不全本，即比一般赵本少文10余篇，少目40余条；一种是刊有鲍延博《刻书纪事》和"杭油局桥陈氏"书牌的本子；还有一种本子则无"纪事"和书牌。此本亦附有王士禛评语，并在某些篇后附有有关的附录。

青柯亭本刊刻后的第二年，也就是乾隆三十二年（1767），又有王金范刻本刊行。这是一个"册繁就简，分门别类"的选辑本，共18卷，分26门，收文270余篇。此外，《聊斋志异》的注解本在此时也盛行起来。通行的有吕湛恩、何垠两家。吕注原为单刻，有道光五年（1825）刻本。道光二十三年（1843）广东五云楼刻本始将吕注与《志异》原文合刻，后又有广百宋斋和同文书局绘图本。何注有道光十九年（1839）花木长荣之馆刻本，又有光绪七年（1881）邵州经畲书屋评注合刊本。在清代，先后还有过冯镇峦、但明伦等人的注释和评介本，但如今已经难以窥见了。

到了近代，吕湛恩注《详注聊斋志异图咏》最早由上海同文书局石印，全书16卷，以青柯亭本为底本。此版有插图445幅，均各配有七绝一首。曾先后由上海商务印书馆、鸿宝斋等加以改

进翻印。民国期间，上海扫叶山房也出过。

新中国成立以后，对于《聊斋志异》的研究更是空前繁荣，也先后出现了张友鹤"三会本"《聊斋志异》、朱其铠注全本新注《聊斋志异》、任笃行会校会评《聊斋志异》等等，关于《聊斋》与蒲松龄的研究则日益深入，也日益全面了。

2. 聊斋遗响

《聊斋志异》成书之后风行一时，"几乎家家有之，人人阅之"（张冥飞《古今小说评林》），但这部巨著的价值还不仅仅于此，除了其自身卓越的艺术价值外，它其对中国文学、世界文学的影响更是深远而强烈的。

首先，对于中国文坛的影响。

《聊斋志异》青柯亭刊本一出，就风行天下，不仅翻刻本竞相问世，影响更大的是它还引起不少作者竞相追随仿作，文言小说出现了再度蔚兴的局面。乾隆时期著名的专集就有沈起凤的《谐铎》和邦额的《夜谭随录》长白浩歌子的《萤窗异草》以及袁枚的《新齐谐》纪昀的《阅微草堂笔记》屠绅的《六合内外琐言》俞樾的《右台仙馆笔记》等，一时间文言小说自唐人之后出现了高度的繁荣。可以说，这种文言复兴的现象是与《聊斋志异》的巨大成就与影响分不开的，但是，在清代文坛这些"后续"作品中，对待《聊斋志异》的态度是截然不同的。这种分歧正如《聊斋》文体的特殊性一样，"一书而兼二体"，传奇志怪皆备，后来的著述也就按此分作两派：

一是仿效派，也可以勉强称为传奇派。这类书籍的作者吸收了《聊斋志异》作文宜曲的情节特点，偏重于记叙委曲。较早的

是袁枚的《子不语》与和邦额的《夜谭随录》。

《子不语》与蒲松龄的创作理念颇不相同，虽然也是记述鬼怪之事。但袁枚自序却云：平生"文史外无以自娱，乃广采游心骇耳之事，妄言妄听，记而存之，非有所惑也"。书中多为搜奇志怪之作，失之芜杂。多数记述简略，记人记事或讲述故事概况时，却表现了向六朝志怪小说回归的趋向。《夜谭随录》的作者和邦额的创作思想也与袁枚相似，但作法却仿效《聊斋志异》，通过怪异故事反映社会丑恶现象，也有映照时事者，记叙有所渲染，注意刻画人物、描绘场景，鲁迅先生在《中国小说史略》中谓之："记朔方景物，及市井情形者，特可观。"但是和邦额思想陈腐，经常于篇章中宣扬佛教果报观念，伦理观念过重，使《夜谭随录》的艺术高度也停滞在普通的文言小说层面上。总的来说，这些后起的模仿者，虽然也在那里谈狐说鬼，却失去了蒲松龄的孤愤和追求精神。

对"聊斋体"仿效较好的是《谐铎》《萤窗异草》两部，皆借鬼神物怪反映社会人生，故事有所寓意，《谐铎》在写法上也明显有仿效《聊斋》的痕迹：即每篇末以"谐曰"展开议论，颇有"异史氏曰"的精神。此外，《谐铎》映照的社会生活方面，与《聊斋志异》大体相近，官场的腐败、科举的弊端、社会势利诸相，均有反映，其中也寄寓着忧愤，然多讽刺小品、寓言性故事，构思巧妙，富有谐谑的情趣，寓人情物理于其中。《萤窗异草》效仿痕迹更重，有些篇章或明或暗就是由《聊斋志异》蜕化而成，比如反映妇女的不幸和抗争的作品，一般篇幅较长，故事离奇曲折，注重写出完整的人物形象。但是，这两部小说集的作者没有蒲松龄那种全身心投入的创作精神，缺乏直接的生活体验，

蒲松龄

作品的思想和艺术都没有达到《聊斋志异》的高度。

这些作品，思想内容既缺乏批判精神，文笔也大都平冗芜杂，诚如冯镇峦在《读聊斋杂说》中评论的："无聊斋本领，而但说鬼说狐，侈陈怪异。笔墨既无可观，命意不解所谓。朋肿拳曲，徒多铺张，道理晦涩，义无足称。不转瞬而弃如敝履，厌同屎橛，并覆瓿之役，俗人亦不屑用之。"

整个乾隆时代，《聊斋志异》对文言小说的影响可以说是独一无二的。文坛上的文言小说从题材到体裁，乃至风格，无不是聊斋式的。但是到了乾隆末年、嘉庆初年，以大学士纪昀为首的一批文人唱出了对《聊斋志异》的反调，我们暂且可称他们为抗衡派，或者志怪笔记派。

纪昀，字晓岚，《四库全书》的主纂学士。他在《聊斋志异》文坛大盛之时编著了《阅微草堂笔记》其中包括《滦阳消夏录》《如是我闻》《槐西杂志》《姑妄听之》《滦阳续录》，最后由其门人盛时彦合刊，题为《阅微草堂笔记五种》。纪昀对《聊斋志异》的批评首先是那句著名的论断"一书而兼二体"，他反对蒲松龄用"描写委曲"的笔墨来反映现实生活，反对文学的想象，主张恢复到古代笔记小说那种记事简约的水准上，他在《滦阳续录》写成后更进一步申述为作叙事之文，应"不失忠厚之意，稍存劝惩之旨"，"不颠倒是非"，"不摹写才子佳人"，"不绘画横陈"，本着"儒者着书，当存风化，虽齐谐志怪，亦当不收悖理之言"，他是要小说有忠厚劝世之意义，摒除描写男女爱情的笔墨，行文要"尚质黜华"，叙事简要而多议论，从这个观点出发，纪昀的《阅微草堂笔记》中不仅出现了大量宣传忠孝节义和因果报应的作品，而且小说的意味降低了许多，更趋向于笔记杂录，较之《聊

斋志异》，丢弃了文学的精神和艺术的境界。

《阅微草堂笔记》虽远不足与《聊斋志异》相抗衡，但也不失为独树一帜的作品，在文人中也产生了一定的影响。自它出现后，改变了文坛上《聊斋志异》式文言小说独步的局面。从此，清代的文言笔记小说，或模仿《聊斋志异》，或模仿《阅微草堂笔记》，或兼受两书影响，却没有超出两书的范围。由于缺乏创造精神，从嘉庆以后到清末，尽管陆续有不少文言笔记小说出现，像许仲元《三异笔谈》、俞鸿渐《印雪轩随笔》、王韬《淞隐漫谈》、宣鼎《夜雨秋灯录》、俞樾《右台仙馆笔记》等，但或充满腐朽果报的说教，或流为烟花粉黛的记述，而日趋没落。

其次，盛名海外。

《聊斋志异》不仅在中国文学史上产生了深远巨大的影响，还冲破国界，走向了世界。从19世纪中叶，《聊斋志异》流传到国外，迄今已有美、法、德、俄、日等20多个语种的选译本、全译本。在日本尤为突出，全译本就先后有3种。

柴田天马选的《和译聊斋志异》，此书共选择作品34篇，包括《瞳人语》《王成》《成仙》《陆判》《侠女》《颜氏》《蛇》等。柴田天马在他的全译本《定本聊斋志异》序言中曾说："《聊斋》与《三国》《西游》《水浒》足可媲美，越读越增加兴味，能产生异趣，真是百读不厌。"田中贡太郎选译、公田莲太郎标点注释的《聊斋志异》，共选《考城隍》《娇娜》《竹青》《五通》《封三娘》《小翠》等34篇作品。此外还有增田涉、松枝茂夫、松枝佑贤、大村海雄合译的《聊斋志异》。不仅译文多种多样，在明治时期，有些作者还仿效《聊斋志异》写作怪异故事。著名作家芥川龙之介改作《聊斋志异》里的故事，最有名的一篇

是与《聊斋志异》同名的《酒虫》。

此外，英、法、德、意、西、荷、比、挪、瑞典、捷、罗、波、匈、保、俄、越、朝、日等18种外文及我国少数民族两种语言也都翻译过《聊斋志异》，可见，蒲松龄这部名著在国内外的传播及其对世界文学的影响是极其深远的。

七、俚曲杂著与聊斋诗文词

蒲松龄一生笔耕不辍,除了《聊斋志异》之外,有诗歌千余首,文近 500 篇、词百余阕、戏三出、俚曲 15 种。他还编写了《历日文》《农桑经》等与下层劳动人民日常生活息息相关的普及读物。

1. 聊斋俚曲

俚曲,顾名思义是流行于民间的地方方言小曲。蒲松龄的故乡山东淄川地区同样盛行着这样的民间艺术。蒲松龄自小受到这些曲调的熏陶,对这种生动的艺术形式也是钟爱有嘉,他不仅会唱,还经常自撰新词,唐梦赉诗集中《七夕宿绰然堂,同苏贞下、蒲留仙》诗便有"乍见耆卿还度曲,同来苏晋亦传觞"一联,显而易见前一句是借柳永之字指柳泉先生之意,对蒲松龄早年的"度曲"爱好,则是一语双关。

聊斋俚曲,按张元撰《柳泉蒲先生墓表》原载为 14 种,其中《富贵神仙曲》后发展为《磨难曲》而算作两种,共 15 种。即《墙头记》《姑妇曲》《慈悲曲》《翻魇殃》《寒森曲》《琴瑟乐》《蓬莱宴》《俊夜叉》《穷汉词》《丑俊巴》《快曲》《禳

妒咒》《富贵神仙曲》《磨难曲》《增补幸云曲》聊斋俚曲所用的曲牌有耍孩儿、银纽丝、叠断桥、呀呀油、劈破玉、跌落金钱、倒板浆、房四娘、皂罗袍、黄莺儿等50多个。

聊斋俚曲的创作年代大致分为两个阶段，一是在蒲松龄60岁以前，计有《琴瑟乐》《穷汉词》《快曲》《丑俊巴》4种；二是在蒲松龄60岁以后至72岁前后，计有另外10种。《俊夜叉》介于前后两个阶段之间，可以看做是蒲松龄的俚曲创作由不成熟走向成熟的一个标志。由此也不难看出，蒲松龄的大部分俚曲，是在他的《聊斋志异》基本成书之后创作出来的。

晚年的蒲松龄撤帐归家，为什么又对这些民间艺术产生了浓厚的兴趣呢，是暮年的寓目之作，还是纯粹的无意之举？这一点蒲松龄的儿子蒲箬在《柳泉公行述》中作过说明：

《志异》八卷，渔搜闻见，抒写襟怀，积数年而成，总以为学士大夫之针砭，而犹恨不如晨钟暮鼓，可参破村庸之迷，而大醒市媪之梦也。又演为通俗杂曲，使街衢里巷之中，见者歌，而闻者亦泣，其救世婆心，直将使男之雅者、俗者，女之悍者、妒者，尽举而匋于一编之中。呜呼！意良苦矣！

可见，蒲松龄创作聊斋俚曲，并不单纯只是为了娱乐，他的目的是想通过这种最易为人接受的方式，起到一个"劝世醒世"的作用。蒲松龄倾注半生的心血成就了《聊斋志异》这样的长篇巨著，但它所运用的语言是古雅的文言，即便再有通俗化、口语化的元素，对于不识字或者识字无多的村农市妇来说，依然存在

阅读障碍，于是蒲松龄"劝世醒世"的目的终又转向了俚曲类的通俗文学。可以说，聊斋俚曲是与《聊斋志异》的创作理念一脉相承的，从作品内容看，其中半数改编自《聊斋志异》：《姑妇曲》即《珊瑚》，《慈悲曲》即《张诚》，《翻魇殃》即《仇大娘》，《禳妒咒》即《江城》，《富贵神仙》与《磨难曲》即《张鸿渐》，《寒森曲》即《商三官》与《席方平》。

这些作品除少数游戏笔墨外，无不浸透了蒲松龄的救世婆心与良苦用意，极富教化作用，如《墙头记》是描写父子关系的，《姑妇曲》描写婆媳关系，《慈悲曲》写母子关系，《翻魇殃》写邻里关系，《禳妒咒》既有婆媳关系也有夫妻关系，更是对"悍妇"形象的暴露，《俊夜叉》则描写了"悍妇"在特殊情况下的积极作用。蒲松龄更在《磨难曲》中肯定、歌颂了官逼民反的社会现象的，这在当时是极具前瞻性，同时也是突破性的思想认知。

有人说，《聊斋志异》雅到了极点，而聊斋俚曲则俗到了极点。这种评价可以说是一语中的。俚曲是蒲松龄立意为俗、面向平民百姓的文学，随着蒲松龄晚年思想的变化，他的笔端不再是借助谈鬼说狐以抒孤愤，而是开始为民众创作了。文学思想的这种变化，进而也带动了艺术表现形式的变化，也就是说，通俗性成为了聊斋俚曲最突出的的语言特点，15部俚曲中无论唱词还是念白，基本上已经演变成为地地道道的百姓方言，处处洋溢着浓郁的乡土和生活气息。

首先，生活化的俚曲内容。俚曲所表现的内容，大部分是写农家百姓日常生活的，而且是人们所关心的生活热点问题，所以它贴近时代又切入生活，为平民百姓所关心所理解。其他即使是神话故事、历史故事、爱情故事、传奇轶闻等，也大都是家喻户

晓代代相传的。

其次，大众化的俚曲语言。15部俚曲全都是运用白话及方言口语讲唱故事的。语言取自街谈巷议，明白易解，听来十分亲切，加之广采俚俗民谚、歇后语，形成了一种诙谐幽默、生动有趣的风格，使之真正成为为农民百姓而写作的文艺作品。

第三，世俗化的俚曲声腔。用于演唱的曲牌是风靡当时社会的时调俗曲。本来这种有说有唱的活泼形式就足以吸引人了，加之这些俚曲一改过去用南北曲作剧的传统而以时调俗曲入戏，使人们感到既熟悉又新鲜，为人们喜闻乐见，成了广泛传唱于街衢里巷的传世之作。

《聊斋志异》和聊斋俚曲，一个阳春白雪，一个下里巴人，看起来似乎是全然不能相容的东西，但是在蒲松龄笔下却达到了完美和谐的统一，更有甚者，蒲松龄在对山东当地的俚曲进行搜集整理的同时，亦曾亲自执笔撰写剧本，比较著名的是《闹馆》《钟妹庆寿》和《窘闱》三出。

《闹馆》写教书先生在饥荒之年难找主顾，形同乞讨。后来，在苛刻的顾主一番还价后，他竟以极低的报酬成交，并甘愿无偿地为东家的孩子服务，并兼干各种家务活。每天只有两顿不成样子的口粮，但这先生却毅然接受了。通俗易懂的情节文字，却反映出了"斯文不值钱"的社会现实。

《钟妹庆寿》是写面目不扬而才能吐凤的钟馗，因恨朝廷重相貌轻文章，愤撞金阶，死后被上帝擢为九幽三曹都判官。他认为世间的不公，都是几个邪鬼作祟，于是专吞邪鬼入肚。"养成一个鬼脾胃，顿饭非鬼不美"。于是钟馗寿辰之日其妹送鬼为他庆贺。看似荒诞的鬼魂轶事，却道尽了科场不公、怀才不遇的"蒲

氏块垒",正如钟馗于戏中的道白:"扫尽群魔千里雾,放日月照阴城"。

《窘闱》(附《南吕调九转货郎儿》)前者写乡试闱场里,考生在答卷过程中焦急、无奈、怨恨、乞求、梦幻等各种窘态与心理变化;后者写应乡试的秀才,从仓促备考到闱场门外、候检、入场,以及在答卷前后与出场始悔的各种感受和心态。将考生的窘态与艰辛刻画的淋漓尽致,栩栩如生。这三出戏虽然都跟科考有关,似乎隐隐还能从戏中人物的情感中窥见晚年的蒲松龄对于一生不仕无法释然的不甘,不过旁观者看来还是开怀一笑的民间小戏,或许蒲松龄早年的孤愤化在俚俗的文学形式中,心态也逐渐趋于平和了罢。

综上,蒲松龄的巨人之笔游走于雅俗两个截然不同的世界里,却又如此异曲同工,相映生辉,使我们在沉醉于"聊斋艺术"的同时,也必然要感叹,蒲松龄是中国文坛上一位名副其实的多面、多能文学巨匠。

2. 聊斋杂著

蒲松龄除了致力于诗词、小说和俚曲创作之外,还有大量杂著传世。按其内容大致可以分作三类:

一类是关乎道德修养的著作。如《省身语录》《怀刑录》《小学节要》。

《省身语录》作于康熙二十三年(1684),其内容是"敬书格言,用以自省,用以示后"。现仅存《序》,而无文。

《怀刑录》作于康熙三十五年(1696),该书"集五服之礼,并稽五服之律",旨在"使读礼者知爱,读律者知敬,其有裨于风

化"，"使尊卑之分，亲疏之义"。从路大荒先生整理的《聊斋文集》看来，也仅存序言，全书久已失传，至今未见面世。

《小学节要》蒲松龄于序言中道："小学之书，教人以事亲敬长之节，威仪进退之文，良足发人德性，真不啻取天下之童蒙而胎教之也。"可见亦是修身明理之书了。

二类是诗文选集，如《帝京景物选略》《宋七律诗选》《庄列选略》。

蒲松龄工于诗词歌赋，这一点是毋庸置疑的，他有自己的诗歌观念，选诗结集自然也代表了蒲松龄自身的某些文学观念，对于蒲松龄研究有着重要的价值。

三类是关照民生的实用书籍。如《历字文》《日用俗字》《农桑经》《婚嫁全书》《药祟书》《家政内编》《家政外编》《观象玩占》等。这部分作品多是蒲松龄晚年的创作，它们和聊斋俚曲一样，一定程度的反映了蒲松龄对民生和世情的关照，俚曲醒世，而杂著则利民。

《历字文》是蒲松龄设馆西铺毕家时，"于《四库》书中细心搜集，费尽数载心血，汇纂成书"的一部有关"吉凶禁忌，福利休祥"等内容的书稿。国内失传，日本庆应大学"聊斋文库"藏其残抄本。马振方先生复印带回国内，整理点校后先发表于《蒲松龄研究》中，后又收入其《聊斋遗文七种》一书中。

《日用俗字》成稿于康熙四十三年（1703），也就是蒲松龄65岁之时，但直到乾隆间才被刻印成书。这是一部词类工具书，是专为老百姓从事农事活动和记事服务的。蒲松龄在序中说明：

> 每需一物，苦不能书其名。旧有《庄农杂字》，村童

多诵之。无论其脱漏甚多，而即其所有者，考其点画，率皆杜撰。故立意详查字汇，编为此书。土音之讹，……悉从《正字通》。其难识者，并用音切于大字之侧，若偏旁原系谐声，例应读从半字，概无音切；或俗语有南北之不同者，偶一借用，要皆字汇所有，使人可以意会。虽俗字不能尽志，而家常应用，亦可以不穷矣。康熙甲申岁正月下浣，柳泉氏志。

可见，此书是在旧有的《庄农杂字》基础上，"详查字汇"、纠正土音、填补缺漏写成的，蒲松龄把当地农村日常用字汇编成文，难读的字以反切注音，方言中读音讹误的，则依《正字通》矫正。而事实上，《日用俗字》的意义又远不止于此。此书凡31章，分作"身体"、"庄农"、"养蚕"、"饮食"、"菜蔬"、"器皿"、"杂货"、"兵器"等类，每章用七字句韵语，并将各个方面的常用俗字嵌入行文中，朗朗上口，又便于记忆，如"庄农"中便有"畦中萝卜带蔓菁"，"饮食"中又有"百合好吃兼为药"等等，对于百姓的日常生活都是有指导性作用的。

此外，《日用俗字》中还杂入了蒲松龄对生活态度和生活习惯方面的讽劝，如赌博章"极言赌博之危害"，堪舆章又讽刺风水先生"谢礼先收始肯行"，僧道章揭发僧道愚民，争讼章则揭露官府黑暗……在一定程度上，蒲松龄不自觉的将《聊斋志异》的孤愤思想带入杂著中，也使得这类通民风民俗的百科全书具有了较为深刻的现实内容。

《农桑经》撰于康熙四十四年（1705），成书后一直以手抄书形式在民间流传，现有几种抄本分藏于山东省文物管理处、中国

蒲 松 龄

农业遗产研究室、辽宁省图书馆等处。现收载于《蒲松龄集》之中。蒲松龄在《农桑经序》中云：

> 居家要务，外惟农而内惟蚕。昔韩氏有《农训》，其言井井，可使纨袴子弟、抱卷书生，人人皆知稼穑，余读而善之。中或言不尽道，或行于彼不能行于此，因妄为增删，又博采古人之论蚕者，集为一书，附诸其后，虽不能化天下，庶可以贻子孙云尔。康熙四十四年，岁次乙酉，正月二十四日。

由此可知，《农桑经》这部农学著作是蒲松龄在韩氏《农训》基础上根据因地制宜得原则进行增删，又博采古今论蚕者编辑而成的，旨在"使纨绔子弟，抱卷书生，人人皆知稼穑"。蒲氏长期生活在乡村，了解民间疾苦，深切体会到农业对国计民生的重要性。他在《示诸儿》诗中说："人生各有营，岂能皆贵官。但能力农桑，亦可谋豆箪。"可见，蒲松龄对农桑非常重视，《农桑经》的创作也并非偶然。《农桑经》内含《农经》71则、《蚕经》21则、《补蚕经》12则、附录《蚕祟书》27则以及《种桑法》10则，主要总结了农户依月安排农事活动的经验，包括一年四季整地施肥，种植各种农作物的时间、方法以及治虫、灭荒御灾，也包括择种、养蚕、择茧及齐茧的方法等等，文字浅显，通俗易懂。如《二月·耕田》中："春耕勿早，秋耕勿晚"，《三月·种棉花》中云："种不宜早，恐春冷伤苗；又不宜晚，恐秋霜伤桃。大约在清明、谷雨间，酌其冷暖，略早种之，苗虽不密，而节密桃多，晚则苗虽盛而桃稀。如发生飞蝗，或"以旗镇惊之"，或"田畔积

草，沤火熏之"。养蚕的蚕室，"宜静，宜暖，宜燥，宜明洁"。书中还列举了多种桑树种植法，并详细介绍了桑树的搭接法，是一部有价值的农业科普著作。

《婚嫁全书》成于康熙二十二年（1683），属于蒲松龄中年时期的作品，该书已佚，仅有序言传世：

> 唐、宋以来，选择百余家，造凶煞之恶名，骇人观听，古人不甚遵，颇亦不甚验。最不可解者为周堂，不论节候交否，但以为逢若吉，逢若凶，此何理也？今必欲集其书，勿乃为荒唐者愚乎？而不然也。我辈俗中人，举世奉为金科，而我独自行胸臆，既有违众之嫌，且子女婚嫁，即无所疑忌，而姻家公母，必龈龈以为不可，遂不得不设酒封金，转求术士。故不如广集诸书，汇其大成，使人无指摘之病，即明知其妄，而用以除疑，亦甚便也。康熙癸亥年志之。

今人虽然不能目睹该书全貌，但从这篇序言大概可知，这是一本唐宋以来有关婚嫁礼俗的集大成之作。蒲松龄摒弃、怀疑那些带有迷信色彩的内容，带有很大的进步性，同时对于流于民间千百年的风俗，也无需刻意改弦易辙，实际使用应该取其精华去其糟粕，不失为蒲松龄进步创新思想的又一写照。

《药祟书》成于康熙四十五年（1706），是一部医药学专著。分作急救、内科、外科、妇科和儿科 5 个部分，共收录医方 260 多个，其中还有少量巫医祈禳之方。蒲松龄序言有云：

疾病，人之所时有也，山村之中，不惟无处可以问医，并无钱可以市药。思集偏方，以备乡邻之急，志之不已，又取《本草纲目》缮写之，不取长方，不录贵药，检方后，立遣村童，可以携取。但病有百端，而仅为四十部，殊觉荒率，而较之在《纲目》者，则差有涯岸可寻矣。偶有所苦，则开卷觅之，如某日病者，何鬼何祟，以黄白财送之云尔。康熙四十五年二月十五日。

这篇序言可谓是"全心为民"的写照，蒲松龄作医书一不为炫技流芳，二不为哗众牟利。一句"不取长方，不录贵药"，便道出了这位文学巨匠天下为公的仁爱胸怀。事实上，蒲松龄也的确本着就救民疾苦的原则撰写此书，有学者统计《药祟书》中的绝大多数药方都是本地易得之物，也都确有奇效。而稍有诟病的巫医祁禳之方，虽然有迷信色彩，但作为科学不发的封建社会中人，蒲松龄亦是难以免俗的，不应为怪。

此外，蒲松龄还撰有《草木传》《抢病》《驱蚊歌》《家政内编》《家政外编》《观象玩占》等等。这些关乎民生民情和日常生活的杂著代表着蒲松龄本真纯朴的人生态度，也从另一个方面让我们看到了一个涉猎广博、仁心爱民的，又不同于《聊斋志异》中那个雅爱搜神的蒲松龄。

3. 聊斋诗文集

蒲松龄一生诗作千余篇，文近500篇，词百余阕，记录了其一生科考、游幕、西宾以及家庭生活、友人唱和等各个方面的情感经历，也包括其对待社会、人生，对待百姓与现实的真实体验，

对于《聊斋志异》的研究以及蒲松龄研究具有重要的文献价值。

《聊斋文集》是蒲松龄的散文、时论、应酬、拟作等文集结集，原为四卷，后人辑为13卷，包括赋、记、引、序、疏、论、跋、题词、书启、文告、呈文、婚启、生志、墓志、行实、祭文、杂文、拟表、拟判等，共计五百多篇。其中除部分作品为自作外，其余多是代人歌哭之作，骈文就占其十分之六。

《聊斋文集》的作品内容或描写劳动人民生活、反映民生疾苦，或铺写名胜古迹，借物抒情，或表现艰辛生活及个人心境，取材十分广泛，语言诙谐幽默，且以小说笔法入赋，雅俗相参，成就灼灼。王士禛评其为："八家古文辞，日趋平易，于是沧溟、俞州辈起而变之以古奥"、"因境写情，体裁不一，每于苍劲刻峭中，时见浑朴"，"当渔洋司寇、秋谷太史，至以声价相高时，乃守其门径，无所触亦无所附，卒成一家言。"

***

《聊斋诗集》是蒲松龄一生的诗作集合，据高翰生《聊斋诗集跋》称："（《聊斋诗集》）共五册，计1290首。"路大荒先生收集道德共1029首。此后又经后人整理搜集，现已达到1039首。

蒲松龄的诗兼备众体，古体近285首，三言如《廷尉门》，四言如《怀树百二章》五言《咏史》七言《侠女行》杂言《把酒问青天》，近体诗755首，五律《怀赵晋石》、五绝《五月黄花》七律《答汪令公见招》七绝《贵公子》七言排律《大佛寺》五言排律《寿唐太史》等等。蒲松龄韵律娴熟，辞采丰富，工于对仗，巧于用典，成就很高。

蒲松龄的诗歌题材广泛，内容丰富。其中包括反映现实的社会诗，反映人民苦难，如《饭肆》，还有《纪灾》、《五月归郓见

蒲松龄

流民载道问之皆淄人也》，反映官吏腐败的如前章举到的《大人行》，还有《廷尉门》，反映科场偃蹇的《历下吟》五首；描绘景物的风景诗，多是南游前后与友人游山玩水之作，充满了生气与超脱，如《再过决口放歌》《射阳湖》《登岱行》《崂山观海市作歌》《风寒泛舟》等；取材史实的咏史诗，如《霸王祠》怀念项羽，《淮阴》追忆韩信，《三义行》之刘关张，还有《刘士安》《杨妃》等等；世俗应酬的赠答诗，其中有送别诗如《送张明府》《送孙广文先生景夏》，留别诗如《留别毕子帅》，寄人诗《寄沈德符》，怀人诗《怀李希梅》《怀如水十二韵》，酬赠诗《赠毕子韦仲》酬答诗《答朱子青见过惠酒》，应和诗《和王如水过大兵行营之作》，庆贺诗《贺人生子》，祝寿诗《寿汪令公二十四韵》《南山寿毕年伯母》，哀悼诗《哭毕刺史》等等；还有爱情诗，如《采莲曲》《子夜歌》，包括《宫辞》《闺情》等部分宫怨诗；蒲松龄还有大量咏物诗，咏器物的《古镜行》，咏植物的《紫薇花》《池萍》，咏动物的《秋燕》《麻姑雀》《惜斑狸坠井》等等。

　　蒲松龄的诗风格多样，或有意效仿汉乐府、新乐府而作百姓疾苦之乐，或继承李贺传统诡异幽丽，变幻莫测，或按老杜、东坡之路，开拓深沉扣世之章，也有沿袭诗经楚辞的诗歌传统，而做些自然浪漫的儿女情长，更有模拟南朝宫体和晚唐香奁诗的风格，极显艳情妖媚之能。林林总总，异彩纷呈。

　　蒲松龄的诗歌创作是历其一生而成的，从少年进学，成立诗社，到南游作幕，交游坐馆，当然还有伴随期间的屡战屡败又屡败屡战的科场沉浮，直到六十几岁撤帐归家，仍然愤笔不辍，关乎民生百姓的诗作数量日多，可以说《聊斋诗集》是蒲松龄一生经历的真实写照，它虽没有《聊斋志异》盛名海内的巨大影响，

但对于热爱《聊斋志异》、热爱蒲松龄的后人，却有着难以言表的非凡意义。

＊＊＊

《聊斋词》，蒲松龄墓碑、行述中均无记载，仅在蒲立德致王洪谋书中提及有"词集一册"。今人路大荒先生将西安发现的"柳泉居士词手稿"辑录整理，共得92阕，厘为一卷，并且把唐梦赉《聊斋词序》手稿置于卷首。《聊斋词》的创作时间多在自康熙初年，也就是蒲松龄南游归来后与坐馆西铺之间的时间里。内容多是与友人唱和，戏赠，也有慨叹自己的困窘与乡试败北的悲愤，有赞美女性才貌及男女爱情的欢愉，有写景状物及讥讽世相的等等。《聊斋词》毫无词家常有的"粉黛病"与"关西大汉病"，而一如唐梦赉在序言中所称："峭如雪后晴山，岈崿皆出，一草一石皆带灵气。"袁世硕先生将其阐释为直抒肺腑、垒块毕现且诙谐有奇趣。

首先，《聊斋词》与《聊斋志异》的思想一脉相承。聊斋词中蒲松龄依然没有摆脱雅爱搜神的习惯，曾多次自言喜谈鬼神，如《贺新凉》"齿上飞花明月夜，姑妄言不必凭何典。"；《沁园春》："学坡仙拨闷，妄谈故鬼。清公上座，杜撰新禅。"《满江红·夜霁》："孽病经年才较可，魔魂犹作呻吟梦"。《尾犯·戏作》："才乞得残羹盈把，旋将充囊鬼面"……

其次，《聊斋词》依然反映现实民生，反映自身困窘。如《长相思》：

风飕飕，雨飕飕，谷似搓残豆似揉，如同稼作仇。
朝无休，夜无休，滴滴檐声不断头，声声点点愁。

蒲松龄

再如：《行乡子·忧病》：

  漏催五滴，思多千缕，一丝丝乱绪横抽。人间三恨，凄断无俦：是病中月，愁里雨，客边秋。

  风雨之灾、疾病之苦，蒲松龄将自身生活的困顿与忧愁，化在词间，向后人展示了一个愁苦落魄的下层文士的形象。他一生不第的科举心酸也在词作中频繁吐露，如前章文中举到的例子《大江东去·寄王如水》《大圣乐·闱中越幅被黜》，皆是蒲松龄亲历亲睹的人生经历。

  第三，《聊斋词》出现了许多爱情词或者艳情词。与《聊斋志异》不同的是，聊斋词淡化了人鬼恋的虚幻情境，开始描写了现实生活中的少女或思妇的爱恋情怀，如被与《婴宁》同举的名词《山花子》：

  十五憨生未解愁，终朝顾影弄娇柔。尽日全无个事，笑不休。贪扑蝶儿忙未了，滑苔褪去凤罗钩。背后谁家少年立，好生羞！

  生动地描写了一个情窦初开、天真烂漫的少女形象。再如描写空闺少妇思念丈夫的孤独情怀，《捉拍丑奴儿·闺思》：

  长病似离魂，非痛痒，无处堪扪。阑干倚遍娇无力，欲眠绣榻，生愁鸳被，独抱难温。箫鼓闹千门，人团圆，

共对芳尊。家家逐队寻欢去,怜侬独自,寒螿声里,消尽黄昏。

《聊斋词》中的艳情词如《菩萨蛮·戏简孙给谏》《西施三叠·戏简孙给谏》直接对女子姿容津津乐道,甚至更有直接描写鱼水之欢的《两心同》等等,笔墨浓重。

此外,《聊斋词》中还有讽刺丑恶现实的作品。如《金菊对芙蓉·甲寅辞灶作》借腊月辞灶神的风俗对灶神揶揄讽刺了那些贪求百姓供养,一旦供养不能满足他们的"口腹"就对人民"捏是成非"的地方官吏。

总之,《聊斋词》虽然没有《聊斋志异》成就卓越,亦可从中窥见蒲松龄不拘一格,不同于众的文人品格,更是词创作的一次成功尝试。

综上所述,历史与种种成就为蒲松龄竖起了一座丰碑,这座丰碑历经百年的风霜而岿然不倒,它带给我们的是一个毋庸置疑的结论:一代文学巨匠蒲松龄并不只是文言小说《聊斋志异》的作者,在更多的方面,他还是一个才华卓著的诗人、一位情真意切的词人、一名俚俗巷口的民间艺人,更是心系天下、大爱为民的那个不朽伟人!

蒲松龄年谱

明崇祯十三年（1640）

农历四月，蒲松龄生。

明崇祯十七年（1644）

清顺治元年
蒲松龄5岁。
李自成军陷北京，崇祯帝自缢。清兵入关；李自成军败走。清定都北京。

顺治14年（1657）

蒲松龄18岁。与刘氏成婚。

顺治15年（1658）

蒲松龄19岁。初应童子试，以县、府、道三第一进学，受知山东学政施闰章。

顺治16年（1659）

蒲松龄20岁。与张笃庆、李尧臣结郢中诗社。

顺治十七年（1660）

蒲松龄21岁。应乡试未中。

康熙元年（1662）

蒲松龄23岁。长子蒲箬生。

康熙二年（1663）

蒲松龄24岁。应乡试未中。

康熙四年（1665）

蒲松龄26岁。在本邑王村王永印家坐馆。

康熙九年（1665）

蒲松龄30岁。八月，应江苏宝应知县、同邑友人孙蕙之聘，南游做幕。

康熙十年（1671）

蒲松龄31岁。春、夏在宝应、高邮。秋辞幕返里。三子蒲笏生。

康熙十一年（1672）

蒲松龄32岁。四月，随本邑缙绅高珩、唐梦赉游崂山。秋应乡试未中。

康熙十二年（1673）

蒲松龄 33 岁。在本县丰泉乡王观正家坐馆。

康熙十四年（1675）

蒲松龄 35 岁。应乡试未中。四子蒲筠生。

康熙十八年（1679）

蒲松龄 40 岁。开始在本县西蒲村毕际有家坐馆。三月，已作成之狐鬼小说初步结集，定名《聊斋志异》。高珩为之作序。

康熙二十二年（1683）

蒲松龄 44 岁。作《婚嫁全书》。长孙蒲立德生。

康熙二十三年（1684）

蒲松龄 45 岁。作《省身语录》。

康熙二十六年（1687）

蒲松龄 48 岁。春，结识大诗人王士禛。夏，王士禛来信索阅《聊斋志异》。秋，蒲松龄应乡试，因"越幅"被黜。

康熙二十九年（1690）

蒲松林 51 岁。秋应乡试，再次犯规被黜。

康熙三十二年（1693）

蒲松龄54岁。春,山东按察使喻成龙慕名邀请,到济南作客数日。馆东毕际有病逝,蒲松龄作《哭毕刺史》八首。

康熙三十六年（1697）

蒲松龄58岁。选《庄列选略》。朱缃寄诗、札,续借《聊斋志异》未读到的稿本。

康熙四十一年（1702）

蒲松龄63岁。暮春赴济南,滞留数月,应乡试未中。王观正病卒。

康熙四十五年（1706）

蒲松龄67岁。作《药崇书》。朱缃抄录《聊斋志异》全书毕,题诗三首。

康熙四十八年（1709）

蒲松龄70岁。岁暮,撤帐归家,结束在毕家三十年的西宾生涯。

康熙四十九年（1710）

蒲松龄71岁。十月,与张笃庆、李尧臣同举乡饮介宾。

康熙五十年（1711）

蒲松龄72岁。五月,王士禛病逝,蒲松龄有《五月晦日夜梦渔洋先生枉过,不知尔时已捐客数日矣》四首挽之。十月,赴青

州考贡，为岁贡生，受知山东学政黄书琳。作俚曲《墙头记》。

康熙五十二年（1713）

蒲松龄74岁。八月，刘氏病卒。

康熙五十四年（1715）

蒲松龄76岁。正月，病逝。